RISK

一本书读懂企业风险防控

王金平 著

中华工商联合出版社

图书在版编目（CIP）数据

一本书读懂企业风险防控 / 王金平著. -- 北京：中华工商联合出版社，2023.11
ISBN 978-7-5158-3798-7

Ⅰ.①一… Ⅱ.①王… Ⅲ.①企业管理－风险管理 Ⅳ.①F272.35

中国国家版本馆CIP数据核字（2023）第195597号

一本书读懂企业风险防控

作　　　者：	王金平
出　品　人：	刘　刚
图书策划：	蓝色畅想
责任编辑：	吴建新　林　立
装帧设计：	胡椒书衣
责任审读：	付德华
责任印制：	陈德松
出版发行：	中华工商联合出版社有限责任公司
印　　　刷：	凯德印刷（天津）有限公司
版　　　次：	2024年1月第1版
印　　　次：	2024年1月第1次印刷
开　　　本：	710mm×1000mm　1/16
字　　　数：	197千字
印　　　张：	14.5
书　　　号：	ISBN 978-7-5158-3798-7
定　　　价：	56.00元

服务热线：010-58301130-0（前台）

销售热线：010-58302977（网店部）
　　　　　010-58302166（门店部）
　　　　　010-58302837（馆配部、新媒体部）
　　　　　010-58302813（团购部）

地址邮编：北京市西城区西环广场A座
　　　　　19-20层，100044

http://www.chgscbs.cn

投稿热线：010-58302907（总编室）

投稿邮箱：1621239583@qq.com

工商联版图书
版权所有　盗版必究

凡本社图书出现印装质量问题，请与印务部联系。

联系电话：010-58302915

前　言

近几十年来，中国经济的发展速度非常迅猛，在全球保持着领先地位。虽然这两年的经济发展受疫情影响略有减缓，但随着疫情的逐渐平息，国内的大小企业即将迸发出新的发展活力。

人们常说，商场如战场，企业在不断发展中，必然要与同一市场的其他企业进行残酷的互相竞争，也不可避免地面临着各种各样的风险：信誉方面的风险会影响企业营收；组织架构方面的风险会影响企业的发展战略和内部管理；财务资金方面的风险可能让企业入不敷出、难以为继；税务方面的风险可能让企业触犯税法，遭受制裁；还有生产安全风险、成本风险、人力资源风险……这些风险一旦爆发，轻则让企业不得不承受经济损失，重则让企业元气大伤，甚至一蹶不振。

生存与发展，是企业永恒的目标。企业想要不愁生存、稳步发展，就必须一直保持小心谨慎，认真做好各方各面的风险防控工作。对于很多企业管理者来说，企业风险防控的范围太广，在实际的生产经营中，管理者们需要注意哪些具体的风险呢？面对各种各样的企业风险，又该如何妥善处理呢？

这本《一本书读懂企业风险防控》就将向大家介绍企业具体需要注

意的各种各样的风险，并教给大家妥善处理各类风险的基本方法。本书共有十章，每章讲述一个风险大类的基础知识和基本防控方法，包括信誉风险防控、组织架构风险防控、财务风险防控、生产风险防控、成本风险防控、人力风险防控、营销风险防控、税务风险防控、各种法律风险防控和重大事务风险防控，基本上做到了企业风险防控的全覆盖。

  本书的内容以企业风险防控的基础知识和基本方法为主，可以说是一本企业经营管理方面的入门书籍，旨在帮助企业各级管理人员、创业者或对此感兴趣的普通读者对企业风险防控工作有一定的认识和了解。同时，本书对一些重要知识与方法进行了配图，以求图文并茂，让各位读者能更加直观地学习这些知识和方法。

  最后，衷心希望所有读者能从本书中获益，切实提高自己的企业风险防控能力，从而帮助企业更好地规避风险、维持生存、不断发展，做到基业长青。

目 录

第一章 组织架构风险防控：堡垒从内部来加固

第1节 设计高效合理的组织架构 /3

第2节 明确管理权限的边界 /7

第3节 打造公开透明的晋升程序 /10

第4节 强化"三重一大"制度 /13

第5节 监控子公司，保障总公司权益 /17

第6节 调和组织内部矛盾，强化凝聚力 /21

第二章 财务风险防控：稳固企业经营的基石

第1节 正确编制财务三大报表 /27

第2节 财务预警系统不可少 /31

第3节 负债过高，则风险过大 /34

第4节 减少呆账坏账，降低财务压力 /38

第5节 库存带来的风险 /41

第6节 盯好企业生存的命脉——现金流 /46

第三章　生产风险防控：把好质量和安全关

第 1 节　严把质量这一关 /51

第 2 节　抓好生产计划管理 /56

第 3 节　定期检修机器设备 /59

第 4 节　慎重选择原材料供应商 /62

第 5 节　树立安全生产意识 /65

第 6 节　建立安全生产责任制 /68

第四章　成本风险防控：科学应对失控的成本

第 1 节　成本管理不只是降低成本 /73

第 2 节　整体布局，打通上下游产业链 /77

第 3 节　科学管理库存，有效降低成本 /79

第 4 节　成本"洼地"何处觅？/82

第 5 节　采购与成本，密不可分 /85

第五章　人力风险防范：人才是发展的第一要素

第1节　招聘——人力风险防范的第一步 /93

第2节　慎用竞业限制 /96

第3节　遵守劳动法规，防范用工风险 /99

第4节　在岗人员培训，也要小心谨慎 /102

第5节　人力资源过剩该怎么办？ /104

第6节　打造优秀的企业文化 /106

第7节　发福利也有风险 /110

第8节　做好人员流失预警管理 /112

第9节　跨国用工风险大，做好准备才不怕 /114

第六章　营销风险防控：市场是一把"双刃剑"

第1节　识别营销风险，是有效防控的第一步 /119

第2节　虚假宣传的法律风险 /121

第3节　合理调整价格，减少营销风险 /123

第4节　价格战的风险与危害 /126

第5节　设定营销投入警戒线 /128

第6节　不正当竞争与反不正当竞争 /130

第7节　严控售后服务成本 /133

第8节　供应不配套，营销有风险 /136

第9节　做好风险预案，才能有备无患 /138

第七章　税务风险防控：提升企业税务遵从度

第 1 节　纳税风险出现的原因 /145

第 2 节　管理好会计档案 /147

第 3 节　企业纳税的权利与义务 /150

第 4 节　企业可能存在的纳税风险 /154

第 5 节　合法前提下的税务筹划 /157

第八章　法律风险防控：法律的红线不可触碰

第 1 节　做好合同的监控与管理 /161

第 2 节　谨防借贷与担保的风险 /163

第 3 节　转让股份时的风险 /166

第 4 节　产品质量与赔偿 /167

第 5 节　企业注销也要合法合规 /170

第 6 节　股权众筹还是非法集资？ /172

第 7 节　赚钱要合法，分钱更要合法 /174

第 8 节　千万不可忽视知识产权保护 /175

第 9 节　重点防范劳动用工法律风险 /177

第九章 信誉风险防控：信誉就是企业的生命

第1节 建立舆情监督制度 /183

第2节 危机公关谨记"5S原则" /186

第3节 员工有意识，企业有信誉 /190

第4节 道德风险的防范 /193

第5节 领导者的人格信誉也非常重要 /197

第十章 重大事务风险防控：获得企业竞争优势

第1节 股权结构排雷 /203

第2节 对赌风险大，协议很重要 /205

第3节 合并与收购，知己还要知彼 /208

第4节 战略扩张——步子不宜过大 /211

第5节 创新之前，做好市场调研 /213

第6节 别让新技术成了别人的 /217

第一章

组织架构风险防控：
堡垒从内部来加固

个人的力量总是不如团队的力量强大，人们越是认识到这一点，就越少地歌颂英雄主义，越多地关注团队的力量。打造一个好的团队并不简单，而维护一个好的团队更是艰难。只有注重组织架构风险防控，才能避免堡垒从内部被攻破。

第1节 设计高效合理的组织架构

组织架构就像是企业的骨骼，一旦设计出现问题，就可能影响到企业的正常运行，限制企业在经营活动中的发展。那么，企业的组织架构究竟应该如何设计，才能满足企业发展的需要呢？

一、组织架构设计的四要素

简单来说，组织架构的设计主要与以下四个要素有关，如图1-1所示。

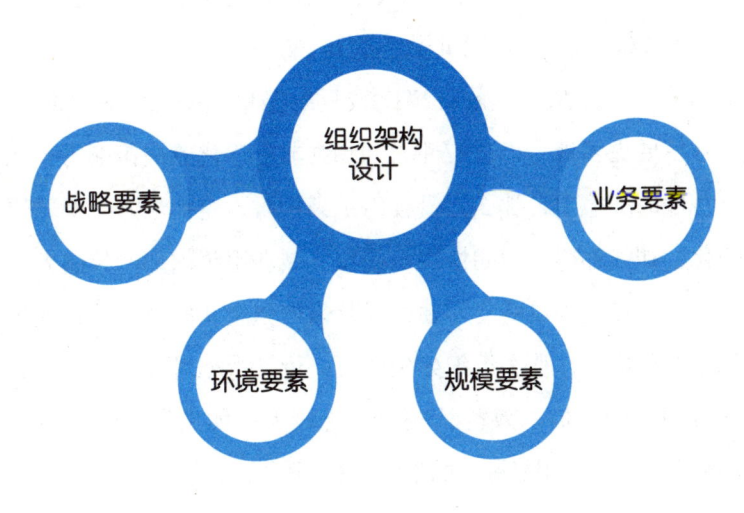

图1-1 组织架构设计的四个要素

1.战略要素

著名的管理学专家钱德勒说过："战略决定结构。"从根本上来说，企业的组织架构主要就是为企业的经营战略服务的，不同的企业发展战略，所需要的企业组织架构也会有所不同。因此，在设计组织架构时，一定要考虑企业的发展战略安排。而一旦新的战略形成，现有的组织架构也应该随之做出调整，去满足战略实施的要求，而不是让战略来适应组织架构。

比如，当企业推行单一经营战略或是低成本战略时，就需要组织架构在降低运营成本的同时，还能提高整体运作效率，根据这一需求，企业在设计或调整组织架构时，可以考虑选择集权度比较高的组织架构类型，如直线职能制，这样的组织架构通常具备较强的机械性，能够满足企业的战略发展需求。

2.环境要素

企业想要生存和发展，就必须适应其所处的市场经济环境，因此，在设计组织架构时，环境因素的影响也是必须考虑在内的。

通常来说，如果所处的环境比较复杂多变，那么在设计组织架构时，企业就要更多地考虑适应性，并加强非程序化的决策能力；如果处在高干扰性的环境中，那么在设计组织架构时，企业最好将管理层级尽可能简化，加强部门之间的协调与授权，减弱组织内部的控制力，在结构上维持一定程度的灵活与弹性，以此来增强企业的适应性；如果处在相对稳定的环境中，那么组织架构就可以设计得相对复杂一些，此时，企业主要追求的是成本效益，规模会比较大；如果所处的环境十分稳定，那么企业直接采用机械式的组织架构即可。

3.规模要素

企业的规模大小也是影响组织架构设计的重要因素之一。不同规模的企业，在内部结构的设计上会有明显差异。企业规模越大，成员越多，专业分工就越细化，部门和职务的数量就越多，日常活动的内容就越繁多，组织架构也会变得越复杂。

这是无法避免的事情。随着企业规模的扩大，需要协调和决策的事情就会越来越多，但人的时间与精力都是有限的，在这种情况下，增加管理层级，并进行更多的分权，可以说是管理者唯一的选择。而管理层级设计得越多，组织架构自然也就会变得越复杂。

4.业务要素

企业经营的业务种类越多，在管理方面就会越复杂，而为了满足业务需要，部门或岗位上的人员设置就会越多，组织架构也会变得更复杂。

需要注意的是，企业各个业务之间的联系越紧密，在设计组织架构时，就越发需要考虑不同部门之间业务的相互作用，就越是不能采用分散的组织架构。这种情况下，采用直线职能制或矩阵式组合架构是比较合适的。

了解了与组织架构设计有关的这些因素后，接下来就说一说，企业要如何来设计一个高效的组织架构。

二、设计组织架构的四原则

通常来说，企业在设计组织架构时，需要遵循以下四个原则，如图1-2所示。

图1-2 设计组织架构的四原则

第一个原则：指挥统一。

一个人只能有一个直接上司，这样在遇到问题的时候，才不会因为接收到的指令混乱而影响解决问题的效率。

第二个原则：控制跨度。

每个人的管理跨度都是有限的，从理论上来说，一般的管理跨度大约是五六个人，而且越是靠近基层，管理跨度就越大，而越到高层，管理的跨度就应该越小。

第三个原则：合理分工。

如何进行分工是设计组织架构的关键内容之一。通常来说，分工有横向和纵向两个方向。

纵向分工，就是在纵线上决定绩效的分配和权力的分配等，所以这条纵线也被称为职权线。在纵向分工的职权线上，必须保证让承担绩效的人拥有最大的权力，而不是将权力交给职位最高的人。

横向分工是把公司所有的资源放在横线上进行专业分配，以保障业务部门获得需要的支持，所以这条线又称职能线。横向分工的关键在于专业化分工和专业化水平，以确保资源的有效利用。根据这一特点，横向分工要尽可能精简。切记，职能部门需要的是专业化，而非细化。

第四个原则：部门化。

部门化的原则就是，把做同一件事的人都放在一个部门里，交由同一经理来统一协调领导，避免资源的浪费。

三、设计组织架构的三个注意事项

接下来，企业就可以根据自身的发展需求，设计一个高效合理的组织架构了。在建设组织架构时，企业可以从行政管理系统、管辖范围、责任归属等角度来进行思考。

1.精简行政管理层级

企业要尽可能精简管理层级，管理层级越少，讯息传递的速度越快、准确度越高，整体的反应也越快。此外，每一个在管理系统中的经理人，都要有明确的职权划分，彼此之间的工作要相对独立又密切关联。

2.协调适当的管辖范围

企业要协调好行政管理系统与管辖范围之间的平衡，保证组织架构的宽度与深度达成合适比例，让员工有主动参与决策讨论的机会，同时也不要过分增加管理者的压力。需要注意的是，一个团队是否易于管理，关键在于团队成员的经验、工作性质、计划与协调程度等因素，而不在于成员人数的多少。通常来说，业务越是繁杂多样，每个层级所管理的下属数目就应该越少。

3.厘清成员的角色及责任

首先，企业要让每个成员都能厘清自己的角色和定位，清楚自己的领导是谁，以及自己是谁的领导；其次，权责一定要划分清楚，包括谁拥有做决定的权力，由谁执行任务等；最后，从属关系要明确，尽可能避免双重从属，即一个人有两个直属领导的情况，并确保组织中的从属架构没有断层。

第2节 明确管理权限的边界

当企业发展到一定程度，业务量越来越大，成员也越来越多时，领导者即使工作能力再强,业务能力再突出,也难以做到事必躬亲,管理权限的下放就成了一种必然,这是任何一家企业在经营发展中都会经历的阶段。

长远来说,管理权限的下放,无论是对于企业成员,还是对于企业未来的发展,都是利大于弊的。从企业成员的角度来看,高层管理者将部分决策权力下放到中层,可以极大地增强中层人员在企业经营活动中的参与感,从而增强团队凝聚力,并且让中层人员感受到自我的提升和领导对自己的重视,满足中层人员的心理需求。而对企业来说,权限的下放并不会增加任何额外的成本,同时又能将决策重心下移,推动企业实现民主管理,并且赢得员工发自内心的支持与认可,这对企业的长远发展显然是有很大好处的。

但需要注意的是,权限的下放和回收,都是存在不少风险的。在进行权限收放的过程中,企业如果不能明确管理权限的边界,在权限交接和变换的时候,就可能陷入因权限不明而导致管理混乱的境地,甚至蒙受巨大损失。那么,企业应该怎样做,才能有效防范在管理权限处理上的风险呢?主要有以下三个要点,如图1-3所示。

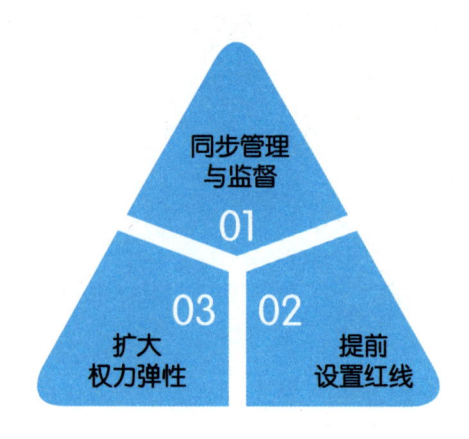

图1-3 防范管理权限风险的三个要点

一、同步管理与监督

企业想要规避风险,就不要想着去考验人性,因为人性本身就是最大的风险,存在极大的不确定性。因此,企业在下放管理权的时候,一定要坚持管理与监督同步,用制度去制衡权力,将一切放在明面上,接受全员的监督,这样才能更好地控制权力变更所带来的负面影响。

二、提前设置红线

企业在下放管理权限时,一定要先明确管理权限的边界,把不可触碰的红线提前设置好,这样才能让获得权力的人在行使权力时有所顾忌。而在设置好红线和规则之后,只要对方不越界,领导者就不要再去干涉其行使管理权了,这样才能真正达成放权的目的和效果。领导者如果在下放权限后还一直从旁干涉、指手画脚,那么不仅无法达到放权的目的,反而在无形中给自己增加了工作量。

三、扩大权力弹性

在企业管理中,无论放权还是集权,都有利有弊。放权容易引发管理混乱、组织混乱;集权则会导致组织缺乏创新能力和市场灵活应对能力。因此,很多企业都期望能够从中找到一个平衡点,兼顾二者的优势,摒弃二者的弊端。实际上,要找到这个平衡点,或者说解决这些问题,企业完全可以考虑通过扩大权力弹性来解决。

什么叫权力弹性呢?简单来说,就是将所需要面临的问题根据其重要程度来分类,对于一些比较重大的事项,就以集体协商会议的方式进行决策,而不要一股脑将决策权交到某一个人手中。比如,企业可以设置专门的协商会议、研讨会议、集体会议等机制,用于决策企业的重大事项,从而对个人手中的管理权形成制约,有效避免因管理者独断专行而给企业造成损失,这样可以在有效降低权力集中所带来的组织架构风险的同时,又很好地保留了机动性与灵活性。

第3节　打造公开透明的晋升程序

在企业中，任何一个具有发展潜力的人才，都可能为企业带来巨大利益，而企业是否能够获得这巨大的利益，就得看企业是否能够留住人才，让人才愿意成为企业组织的一部分。那么，什么样的企业，或者说什么样的组织才是能够留住人才的呢？简单来说，关键在于这个组织是否有活力。

组织的活力主要取决于两个方面：一是员工的活力，二是用人制度的活力。这二者实际上是相辅相成的，而且员工的活力，很大程度上取决于用人制度的活力。如果一个组织的用人制度，拥有公开、透明的职位晋升程序和绩效激励体系，那么这个组织的制度就是有活力的，因为在这样的制度之下，员工能够更清晰地看到自己的发展和未来，能够更清晰地感受到付出与收获成正比，从而对工作充满热情。相反，如果一个组织的用人制度是遮遮掩掩的，只能让员工看到一片迷雾，那么这个组织的制度就可能导致员工缺乏清晰的目标，从而逐渐丧失对工作的热情和主观能动性。

那么，企业组织在打造公开、透明的晋升程序时，应该从哪方面着手呢？

一、人才发展体系的构建

很多留不住人才的企业，实际上都有一个共同点，那就是缺乏发展空间。越是有能力、有本事的员工，对自己未来的职业发展就会有越高的期待和规划，如果企业不能让员工看到自己未来的职业成长空间或升职途径，那么时间久了，员工就会流失，或失去工作积极性，进入职业倦怠阶段，甚至直接影响到整体的工作效率。因此，企业想要留住人才，就必须构建合理的人才发展体系，关注企业里的每一个员工，并根据其具体情况来提供合适的发展空间。

要做到这一点，任职晋升通道的设计是至关重要的一环。通常来说，常见的任职晋升通道设计有以下三种类别，如图1-4所示。

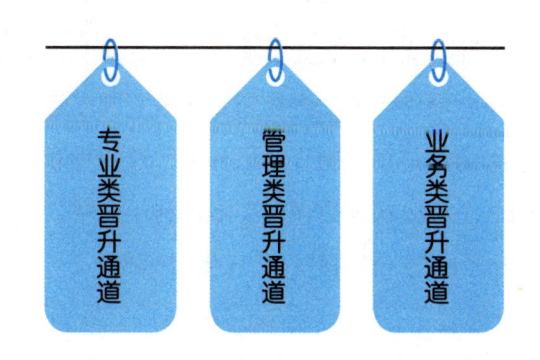

图 1-4　常见的三种晋升通道

1.专业类晋升通道

专业类的晋升通道主要是依据专业技术水平来进行设计的，可以将专业技术水平设置为若干等级，比如，五级初级技工、四级中级技工、三级高级技工、二级专家技师、一级高级专家技师。

在设计这种类型的晋升通道时，要注意明确各个不同专业的等级标准，包括不同等级应具备的知识量、技术能力和熟练程度等多方面的内容。当员工各方面的条件都达到晋升标准时，组织可以对其进行相应测试，并根据测试结果来安排专业类晋升。

2.管理类晋升通道

通常来说，在企业中，管理类晋升通道至少会设置五个等级，即专员、主管、经理、副总经理、总经理。

管理类晋升的考核与专业类晋升的考核是截然不同的，对管理类的晋升来说，专业技术只是基础，其晋升考核的内容更侧重于带领团队实现目标。在每一次的晋升中，管理者真正需要面对的，是管理跨度的扩大、管理职责的加重，以及管理水平的提升。

在不同规模的企业中，管理者的侧重点也是有所不同的。比如，中小微企业更侧重于能人文化，主要依靠人管人、人盯人的模式，强调能人魅力和人际关系；而中大型的企业则更侧重于制度管理，或是制度与人治的有机结合，通过建章立制，利用各类管理流程和表单来进行规范管理；大型集团和上市公司则更注重文治，利用文件、报表和各种会议来层层管理，更加系统化、流程化、信息化和标准化。

3.业务类晋升通道

业务类晋升通道的设置主要适用于营销和销售型业务单位，通常的设置为：业务员、业务主任、业务经理、业务总监、业务副总等。

想要获得业务类通道的晋升，从业人员需要努力学习销售技巧，积极展开销售业务，不断开发新客户，促进快速成交，并获得持续性的销售回款。在业务类通道的晋升中，每一次业务层级的晋升都对应着业务数量和回款比例的提升，以及企业利润额和纯利润率的提升，换言之，开拓市场和提升销售额的能力正是业务类通道晋升的考核标准。

需要注意的是，这些任职通道并非都是单向的，很多企业都会为员工提供多样化的任职通道选择，员工可以根据个人意向来规划自己的职业发展。而除了这种按部就班的升职之外，一些企业也会为有能力的员工提供一些其他的发展机会，比如调派到分公司或开拓海外市场等。

二、绩效激励体系的构建

要激发员工的工作热情和积极性，最直接有效的方式是拿出真金白银作为激励，而非空口谈理想和奉献。毕竟对于绝大多数员工来说，工作就是一种谋生手段，光"画饼"是没有任何用处的。因此，为了更好地调动员工的积极性，企业需要构建一个明确的绩效激励体系。

通常来说，绩效激励体系主要包括三个部分：一是薪酬绩效，即针对员工超额工作的部分或工作绩效突出的部分，支付其相应的奖励性报酬，以鼓励其提高工作效率和工作质量；二是股权激励，也称期权激励，通常是企业为了留住人才而推行的一种长期激励机制，即通过给予员工部分有附加条件的股东权益，使其具有主人翁意识，和企业形成利益共同体；三是回报体系，这是一种综合性的员工回报管理方式，包含三个基本组成部分，即薪酬、福利和员工职业规划，旨在通过提供全面回报来提升员工对工作的积极性和满意度，并最终实现企业绩效的提高。

第4节 强化"三重一大"制度

"三重一大"指的是企业发展战略、产权转移和资产调整等重大决策事项，重要人事任免事项，重大项目安排事项和大金额资金运作事项。"三重一大"决策制度对规范企业决策行为，促进企业科学决策、民主决策是有很大帮助的，并且能够有效约束和监督权力的行使，从源头上预防和遏制腐败问题的发生。

下面就来具体说一说这"三重一大"制度所涉及的主要事项，如图1-5所示。

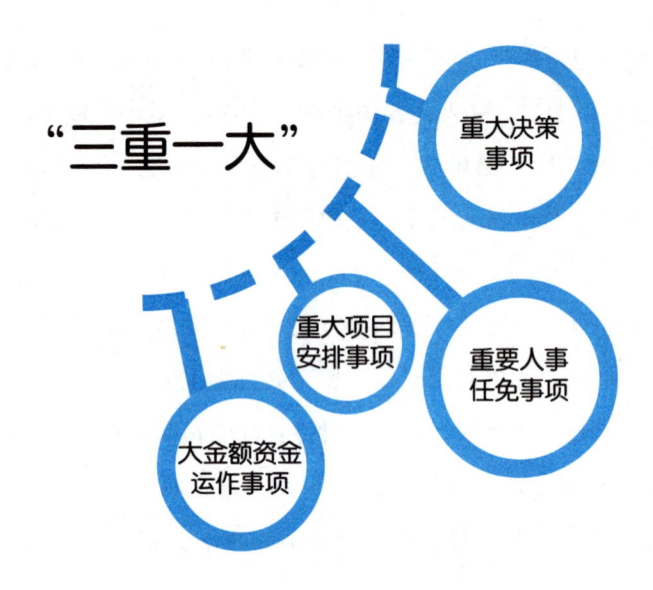

图 1-5 "三重一大"的主要事项

第一，重大决策事项。

按照相关制度规定，应当由股东大会、董事会、未设董事会的领导班子等决策的事项，都算重大决策事项。比如，企业的发展规划、年度工作计划、工作部署等重要问题；有关企业内部廉政建设和反腐败工作方面的重要问题；涉及企业成员切身利益的重大问题；上级发放的重要文件，以及需要向上级请示的重要事项等。

第二，重要人事任免事项。

负责企业直接管理的领导人员，以及其他经营管理人员的职务调整事项，包括中层干部的任免和调整；人事、财务等企业内部重要岗位的人事调整问题；后备干部人选推荐事项；公开招聘新员工的一系列事项等。

第三，重大项目安排事项。

对企业资产规模、资本结构、盈利情况，以及工厂生产设备和技术等能够产生重要影响的项目的设立与安排，比如金额超过一定数目的工程建设或改造项目，或是各类固定资产的处置等。

第四，大金额资金运作事项。

超过企业规定的管理者有权调动和使用的资金限额的资金调动或使用。比如，年度财务预算的编制、执行与调整；数额较大的专项经费，或采购、基本建设、重大活动等项目的经费的使用；金额较大的捐赠、赞助；各类员工补贴、津贴和奖金福利的发放。

之前说过，任何好的制度，能不能真正发挥其作用，关键还要看执行。那么，执行"三重一大"制度时，需要遵循哪些程序呢？

通常来说，企业但凡遇到属于"三重一大"的事项，除了重大突发事件和紧急情况外，都是需要上报给领导班子，通过会议形式来展开集体讨论之后才能做决定。遇到不同种类的重大事项时，执行的程序也会有所不同。

一、重大决策的运作程序

第一，企业有关部门根据领导指示和实际工作情况，提出需要进行讨论研究的重要事项。

第二，管理层决定要进行讨论决策的议题。

第三，分管领导召集相关部门进行初步审核，展开深入调查研究，听取各方意见，并邀请专家针对专业性、技术性较强的事项进行咨询求证，并根据所得信息进行决策评估；如果是与企业员工利益相关的问题，则实行公示制度，鼓励员工参与讨论，提出意见。

第四，召开管理层会议。

第五，按照规则对做出决定的事项进行政务公开，接受企业全体成员的民主监督。

二、重要人事任免的决策程序

1.民主推荐

无论是组织选拔干部，还是企业提拔人才，都是从民主推荐开始的。民主推荐有两种方式，一是会议投票推荐；二是个别谈话推荐。

2.确定考察对象

很多时候，民主推荐存在限制，因此在民主推荐的基础上，组织也要对这些被推荐者做一个简单的考察，确认其是否具备任职能力，然后才能确定需要考察的候选对象。通常来说，考察对象的人数会多于需要提拔的人数。

3.组织考察

确认若干考察对象之后，组织就可以对考察对象进行多方面的考察，形成考察意见。

4.对拟定名单进行讨论

组织经过考察并得出考察意见后，就可以通过会议讨论拟定名单了。

5.公示名单

择定对象后，在一定范围内进行公示。

三、重大项目安排的决策程序

一是由相关部门或领导者提出意见或计划。

二是由相关部门就提出的意见或计划展开市场调查，确定其是否具有可行性。

三是领导者通过有关部门提供的调查信息，给出具体意见。

四是根据所要决策问题的内容，召开相应的会议进行讨论，并做出决定。

四、大额资金使用的决策程序

第一，由相关部门提出申请，阐述该资金的使用意向和数目。

第二，领导者对部门提出的申请进行审核，并给出具体意见。

第三，根据资金的使用意向和额度召开相应会议进行讨论，并做出决定。

第5节 监控子公司，保障总公司权益

在公司扩张的过程中，由于总公司与子公司之间信息不对称，如何对子公司实施有效监控，直接关系到总公司的合法权益能否得到有效保障。

从法律上来说，总公司与子公司都是法人实体，其地位是平等的，总公司不能直接干涉子公司的经营活动，也不能利用彼此之间的联系，用损害子公司利益的方法来为总公司谋求利益。但总公司毕竟是投资主体，相当于子公司的股东，因此可以对子公司行使股东的权利，利用这一重身份，在一定程度上拥有对子公司经营行为的监控权，且负有组织协调的职责，也有权要求子公司按照企业集团的利益行事。

现代大型企业集团的总公司的基本职能包括：在集团内部合理配置资源；监督、评价子公司的经营者和经营业绩。

总公司是集团的战略决策中心，承担着统一协调整个集团内部经济活动的职能，同时也担负着对整个集团的资源进行统一配置的责任。换言之，总公司并不承担一般的生产经营职能，其主要职能是集团的战略

管理，包括：

第一，选择战略目标，即选择投资方向与领域；

第二，选择实现战略目标的途径；

第三，建立明确的业绩评估体系，负责评价、审核及监控总公司全资或部分投资的项目，以及子公司在各个行业的重大投资项目等。

具体来说，集团总公司对子公司的监控内容可以分为以下两方面。

一、资源监控

总公司对子公司的资源监控主要是通过对资源的整体协调和分配控制来实现的，主要包括以下四个方面的内容，如图1-6所示。

人力资源监控　　资金资源监控　　物资资源监控　　知识信息监控

图1-6　对子公司资源监控的四个方面

1.人力资源监控

人力资源监控指的是总公司对子公司的人力资源培育能力和关键岗位人员变动等信息进行监控，这是总公司对子公司最直接的一种管控手段。通常来说，人力资源监控可以通过两种途径来实现：

（1）建立人力资源的培育与引进制度。

通常情况下，集团公司引进人才有两种途径：一是以集团公司的名义来吸纳人才，进行统一培训之后，再分配到各个子公司；二是各子公司直接引进人才。

如果是用第一种方式吸纳人才，那么总公司就可以直接借吸纳和分配人才的机会，实现对子公司的掌控；如果是用第二种方式吸纳人才，那么总公司可以通过制定相应的人才引进制度来实现对子公司的监控，了解子公司的人事管理状况。

（2）高层管理人员的招聘、选拔和考核工作。

一般来说，子公司的高层管理人员基本是由总公司直接进行派遣或任命的，包括董事、监事、总经理、财务负责人等，而且这些人员的报酬、考核和奖惩等，也都是由总公司来统一处理的，这样有利于总公司对子公司的监察与掌控。

2.资金资源监控

总公司对子公司的资金资源监控主要是通过对子公司财务运行的机制、过程和结果的监控来实现的。总公司通过财务结算中心来对集团内部的资金进行统一管理，从而能够清楚了解到各子公司的资金来往情况和资金运营动态，这样一来，总公司就能及时发现子公司在资金运营中产生的问题，及时做出应对。

此外，为了更好地监控各个子公司的情况，总公司还可以制定相应的营运监控指标体系和分析制度，定期对子公司的资金运营情况和经营趋势进行监控和分析，并视具体行动来对子公司提供帮助。

3.物资资源监控

物资资源监控是指总公司凭借对子公司产品生产中的关键技术、重要部件、主要设备和特殊原材料的掌控，来达到监控子公司的目的。虽然从法律的角度来说，总公司与子公司是相对独立、地位平等的，各个子公司旗下生产的产品往往也各不相同。但事实上，在产品的生产过程中，各个子公司与总公司之间的物资资源关联度是非常大的，尤其是子公司的一些关键技术和设备，以及动力能源的供应等，通常都是牢牢掌握在总公司手里的，总公司也正是通过这样的优势，来达成对子公司的制衡。

4.知识信息监控

总公司对子公司的知识信息监控，主要是通过对外部信息的收集、了解和分析，从而了解和掌握子公司运营情况来实现的。要实现这一目的，总公司需要做好以下几点工作：

（1）建立和完善集团公司内部的信息管理网络，构建信息平台，以实现对子公司信息的广泛收集，然后再从中进行提纯处理，分离出有效信息，进行分析处理后，根据所得结果，对子公司的生产经营及时做出调整，以便更好地将信息转化成效益。

（2）加强与高校、科研院所，以及政府有关部门的联络，与集团外部的有关专家建立密切合作关系，以便能够第一时间掌握最新的技术与知识，保证集团总公司在开发创新能力和重大投资决策能力方面的绝对优势。

（3）建立并完善集团内部的知识信息传播交流系统、计算机信息网络系统和教育培训系统等。

二、流程监控

总公司对子公司的流程监控主要是指对子公司经营流程中的产品生产和销售环节的控制管理。

1.生产环节的控制

总公司对子公司生产环节的控制管理，主要是通过对产品的核心部件、生产工艺、关键生产技术、关键技术人员，以及产品的生产标准和品质管理等方面的控制管理来实现的。

2.销售环节的控制

总公司对子公司销售环节的控制，主要体现在对其产品的销售渠道、市场信息、售后服务、重要客户，以及品牌与商标的统一管理和控制。

第6节　调和组织内部矛盾，强化凝聚力

参加过拔河比赛的人都知道，想要赢，就得让所有人都听从口号，彼此配合，把劲儿往一块儿使。如果每个人都只管自己使劲儿，你往左、我往右，你使劲儿、我放手，那么即使全队人都是大力士，也是无法取得比赛胜利的。同理，在一个组织里，如果组织成员之间不能彼此配合，不能团结一致，不能把劲儿往一块儿使，那么即使这个组织里的成员个人能力再强，表现再优秀，这个组织也是无法发挥出应有的作用的。

通常来说，组织内部矛盾的产生，不外乎几种情形：一是各成员目标不同，这是根本上的分歧，也是最可能导致组织分崩离析的罪魁祸首；二是内部竞争过于激烈，各成员为了抢夺有限资源而产生冲突；三是价值观不同，各成员对彼此的行为方式不认可，对最终利益的分配有争执；四是沟通不畅，各成员之间产生误解，激发矛盾。

以上几种产生矛盾的情形，归根结底，就是目标和绩效的分配问题。企业组织只要解决了这个问题，就能有效调和组织内部矛盾，强化团队凝聚力，从而充分发挥团队能动性，为企业组织创造更大的利益。那么，企业应该如何解决这个问题呢？

答案其实很简单。如果一个组织的目标和绩效，能够按照时间和空间关系同时展开，形成一种有机的、立体的目标系统，那么不仅各级管理人员和组织成员能够对目标的整体一目了然，而且能让各部门或个人明确自己的工作任务和目标在整个目标系统中的具体地位，这对调动组织成员的主动性、积极性和创造性是有很大作用的。而要实现这一点，管理者可以考虑使用WBS这一管理工具来对具体的工作项目进行拆解。

工作分解结构，简称WBS，就是按照一定原则，将某一个项目分解成任务，又将任务分解为一项项具体的工作，再把这些工作分配到每一个人的日常活动中，直至分解不下去为止，如图1-7所示。

图 1-7　工作分解结构示意图

WBS这一管理工具，可以帮助组织管理者更好地实现工作分解和绩效拆解，让每一个组织成员都能明确自己的工作任务和工作目标。这一管理工具的使用，主要分为两个步骤。

一、明确组织的定位、使命和愿景

不同类型、不同规模的企业，其组织架构也有所不同，其内部不同部门的职能和所需承担的工作任务也会有所不同。因此，在进行工作分解和绩效拆解之前，管理者首先要明确自己所在组织的定位、使命和愿景，这样才能保证在进行工作分解和绩效拆解时，不会出现较大偏差，影响组织的运转和企业的经营。

二、以组织绩效为目标进行拆解工作

企业内部及各层级的部门和岗位，都是有一定绩效要求和绩效目标的，在进行拆解工作时，必须要考虑到这一点。绩效和业务活动的拆解方式是多种多样的，可以考虑按照职能来进行拆解，也可以考虑按照业务流程来进行拆解。管理者可以根据所在组织结构的特点，或是具体的业务经营活动来灵活选择，找到最合适的拆解路径。

通过WBS这一管理工具拆解出各项工作任务或日常活动，实际上就像制作一张工作经营的流程表，每一个部分看似相对独立，实际上并非毫无关联，这些项目之间是存在一定内在联系的。

管理者在使用WBS拆解项目时，一定要遵循合理、公平、公正的原则，这样才能保证在拆解完成后，进行具体的工作分配时，让组织的每一个成员都认可和接受。一旦拆解过程违背这些原则，就可能导致组织绩效落实到个别成员身上的效果大打折扣，从而引发内部矛盾，造成员工流失等情况，反而会对企业的经营管理产生负面影响。

第二章

财务风险防控：
稳固企业经营的基石

企业的绝大多数活动都是经济活动，经济活动就离不开资金。掌控企业资金的是财务，如果财务遇到了风险，企业的基石也就被动摇了。

第1节　正确编制财务三大报表

财务报表是对企业一定时期的财务状况、经营成果和现金流量最直观清晰的反映，每一个企业成员都应该对其有所了解，并能编制出一些基础的财务报表。下面我们就简单介绍一下企业中最常见的三大报表的制作方法和注意事项。

一、资产负债表

资产负债表所反映的是企业资产、负债、所有者权益的总体规模和结构，其基本构成为：

资产＝负债＋所有者权益

资产负债表的格式分为两种：账户式和报告式。

1.账户式资产负债表

账户式资产负债表也称水平式资产负债表，编制时将资产项目按照一定顺序在报表左方列出，负债和所有者权益项目列在报表右方，左右两方总额相等。通过账户式资产负债表，可以一目了然地看清企业资产、负债和所有者权益的恒等关系。其简化格式如表2-1所示。

表 2-1 账户式资产负债表简化示例

编制单位：　　　　　　　　年　月　日　　　　　　　金额单位：元

资产	金额	负债及所有者权益	金额
一、活动资产 二、非流动资产		一、负债 　　流动负债 　　非流动负债 二、所有者权益 　　实收资本 　　资本公积 　　盈余公积 　　未分配利润	
总计		总计	

2.报告式资产负债表

报告式资产负债表也称垂直式资产负债表，编制时把资产、负债、股东权益等项目按照自上而下的顺序排列，所有资产类项目都按照一定顺序列在报表上部，其次列为负债，然后是所有者权益。其简化格式如表2-2所示。

表 2-2 报告式资产负债表简化示例

编制单位：　　　　　　　　年　月　日　　　　　　　金额单位：元

资产		
流动资产		
非流动资产		
资产合计		
负债		
流动负债		

续　表

非流动负债		
负债合计		
所有者权益		
实收资本		
资本公积		
盈余公积		
未分配利润		
所有者权益合计		

资产负债表由两部分组成：表头和表体。

一是表头部分：报表名称、编制单位名称、资产负债表日期、人民币金额单位；

二是表体部分：资产、负债按流动性排列；所有者权益项目按稳定性排列。

二、利润表

利润表主要反映的是公司在一定时期内的营业收入减去营业支出之后的净收益，净收益的计算公式为：

收入—支出＝利润

编制利润表时，需要注意以下几点：
1.以营业收入为基础计算营业利润

营业利润＝营业收入—营业成本—营业税金及附加—销售费用—管理费用—财务费用—资产减值损失＋公允价值变动收益（—公允价值变动损

失）＋投资收益（—投资损失）

其中：

营业收入＝主营业务收入＋其他业务收入

营业成本＝主营业务成本＋其他业务成本

2.以营业利润为基础计算利润总额

利润总额＝营业利润＋营业外收入—营业外支出

3.以利润总额为基础计算净利润

净利润＝利润总额—所得税费用

三、现金流量表

现金流量表反映的是企业在一个固定时间段（通常是每月或每季度）内，现金（包括现金等价物）的增减变动情况。

通常来说，现金流量表的编制方法有两种：直接法和间接法。

1.直接法

通过现金收入和现金支出的总括分类，来反映企业经营活动的现金流量。

2.间接法

通过将企业的非现金交易、过去或未来经营活动产生的现金收入或支出的递延或应计项目，以及与投资或筹资现金流量相关的收益或费用项目对净损益的影响进行调整，来反映企业经营活动所形成的现金流量。

第2节　财务预警系统不可少

财务预警系统，是对企业在经营活动中的潜在财务风险进行监控的系统，主要是预警企业在筹措资金、投资、日常交易、利润分配中可能产生的风险。换句话说，建立财务预警系统，可以助力企业构建财资管理体系，及时预知危机、控制危机，进而实现防患于未然的目的。

财务预警系统有以下几个特征：参照性、预测性、预防性、灵敏性。这四个特性使得财务预警系统在企业经营管理过程中能及时发现问题，解决问题，从而实现对企业的动态调控。

其建立程序包括以下流程：

分析资金管理业务流程——分析资金管理关键流程和关键因素——调查企业财务管理存在的主要问题和风险——确定企业财务预警指标体系——确定预警指标标准值和合理波动区间——统一财务预警指标实际值的获取和计算口径——确定报警方法——分析财务预警原因——确定财务预警处理程序——确定一般对策和方法。

同时，企业需要根据自身财务状况和财务管理需要来建立短期财务预警系统和长期财务预警系统。

一、短期财务预警系统

就短期来说，企业是否能维持下去，并不取决于是否盈利，而是取决于是否有足够的现金。因此,短期财务预警系统是以企业现金流量表为核心进行搭建的,根据对现金流量所做的各方面的分析,最终给出短期财务风险报告,然后做出针对性的防控与化解。其分析要点主要在以下四个方面,如图2-1所示。

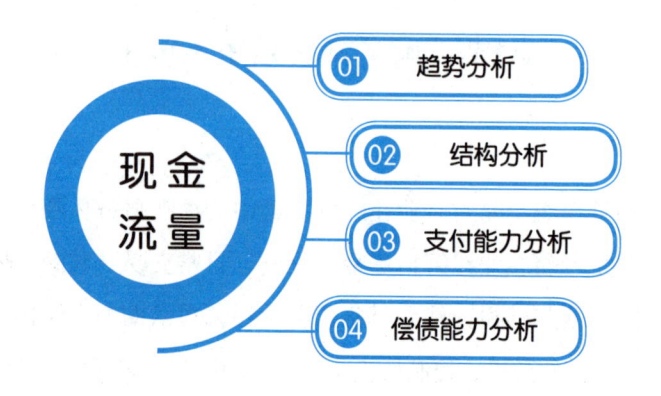

图2-1 短期财务预警系统的四个分析要点

1. 趋势分析

即对比分析企业当前的现金流量表与不同时期的现金流量表,分析的时间跨度可以是全年、半年,也可以是一个季度。通过绘制简单的折线图,了解现金流量变化的趋势,深入分析其背后原因,然后寻求解决办法。

2. 结构分析

即分析现金流量的来源和不同来源的比例,判断企业经营是否正常。一般来说,经营性现金流量比重较大,企业经营活动就是正常的;反之,就是不正常的。

3. 支付能力分析

即对企业当期取得的现金,尤其是经营活动产生的现金收入,与各项支出现金进行比较。这是企业筹资和投资决策的重要依据。如果企业当期取得的经营活动的现金收入，在偿付本期债务后不足以支付经营性活动的各项支出，那么企业必须通过短期借款等方式来进行筹资；相反，如果有一定盈余，就需要进行投资，促进企业长期发展。

4.偿债能力分析

即对企业有无支付现金和偿还债务的能力的分析，这是企业财务分析的重要组成部分。一般来说，企业通过分析流动比率、速动比率、现金比率等指标，来衡量企业的偿债能力。

除此之外，企业还需要关注财务弹性、获现能力、收益质量等预警指标，一旦发现异常，便要采取相应有效措施。

二、长期财务预警系统

针对长期财务状况来说，企业需要建立以偿债能力为核心的预警指标体系，根据对获利能力、偿债能力的分析，来衡量企业的财务实力。

1.获利能力分析

获利能力是企业在未来经营中产生现金的能力，一般来说需要考察销售净利率、销售毛利率、资产净利率、净资产收益率等指标。在进行财务预警时，企业可以选用总资产报酬率和成本费用利润率两项指标。

2.偿债能力分析

企业偿债能力强，有足够资金来偿还短期或长期债务，便可以生存并健康发展；相反，更容易产生财务危机，甚至面临破产。企业进行财务预警时可以选用长期债务与营运资金比、资产负债率两项指标。

资产负债率，是企业长期财务预警的核心指标，它体现了企业总资产中有多少是借来的。资产负债率越高，财务风险也越高。当然，资产负债率并不是越低越好，过低的话，不利于企业扩大生产。

第3节 负债过高，则风险过大

负债对于企业经营来说是很正常的事情，绝大多数企业在经营活动中都会背负债务，这些债务可能是来自银行方面的贷款，可能是与供应商进行交易的货款，也可能是债权人的借款。虽说企业负债是一种正常现象，但对企业来说，定期了解自身的偿债能力也是非常必要的，这直接关系着企业所拥有的现金流是否能够保障企业的正常运转，以及未来经营活动是否能够正常展开。

对企业的经营来说，负债与风险永远是成正比的，负债越高，风险越大。而不同企业的偿债能力也是不同的，对于偿债能力高的企业，所能承受的负债自然就会高一些；而对那些偿债能力较低的企业，所能承受的负债自然就要低一些。因此，判定一个企业债务风险的高低，单看其负债的金额是不准确的，还必须充分考虑到该企业的偿债能力。

那么，什么是企业偿债能力呢？简单来说，偿债能力是企业有无用其资产偿还短期债务与长期债务的能力，是企业的一种综合性能力。

要判断一家企业偿债能力的高低，需要考虑以下几个常用指标，如图2-2所示。

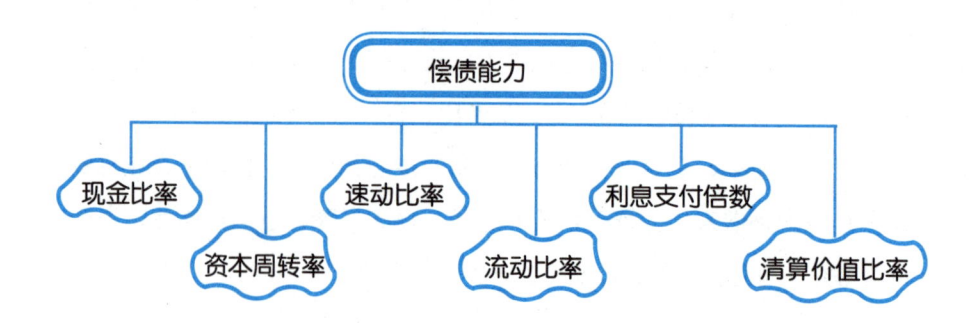

图 2-2 企业偿债能力的六个常用指标

1.现金比率

现金比率是在企业因为大量赊销而形成大量应收账款时，考察其变现能力所运用的指标，其计算公式为：

$$现金比率 = （货币资金 + 交易性金融资产） \div 流动负债合计$$

现金比率越高，企业的短期偿债能力就越强。

2.资本周转率

资本周转率，也称投资周转率、股本周转率，是指一个企业一年的总营业额与该公司所发行股本之间的比率，用以表示该企业在这一年内使用资本的周转次数，其计算公式为：

$$资本周转率 = （货币资金 + 短期投资 + 应收票据） \div 长期负债合计$$

资本周转率越高，企业的长期偿债能力就越强。

3.速动比率

速动比率指的是企业速动资产和流动负债之间的比率。所谓速动资产，就是企业流动资产减去存货和预付费用之后的余额，包括现金、短期投资、应收票据，以及其他应收账款，可以在较短时间内实现变现。

速动比率的计算公式为：

$$速动比率 = （流动资产合计 - 存货净额） \div 流动负债合计$$

通常来说，速动比率越高，企业的短期偿债能力就越强。

4.流动比率

流动比率就是企业流动资产与流动负债的比率，其计算公式为：

流动比率＝流动资产合计÷流动负债合计

一般来说，流动比率越高，企业的变现能力就越强，短期偿债能力也就越强。需要注意的是，不同企业由于其经营性质的不同，对资产的流动性也会有不同要求，比如零售类企业对流动资产的要求往往就比制造类企业要高。此外，企业的经营与理财方式同样也会影响流动比率。

5.利息支付倍数

利息支付倍数体现了公司以营业利润支付债息的能力，其计算公式为：

利息支付倍数＝（利润总额＋财务费用）÷财务费用

通常来说，利息支付倍数越大，企业的负债经营风险就越小，偿还借款利息的能力也就越强。

6.清算价值比率

清算价值比率指的是企业有形资产与负债的比率，反映出公司清偿全部债务的能力，其计算公式为：

清算价值比率＝（资产总计－无形及递延资产总计）÷负债合计

清算价值比率越大，企业的综合偿债能力就越强。

企业想要在经营中规避财务风险，就要对自身的财务状况，尤其是资产负债状况有一个清楚的了解。

资产负债表也称财务状况表，是企业在一定时期内的财务状况，包括资产、负债、所有者权益等状况的主要会计报表。通过对企业资产负债表的分析，我们能对该企业的经营管理活动和财务状况有一个大体的了解，认识到该企业经营管理中存在的财务风险的大小，以及该企业在经营管理方面水平的高低。

企业自身可以根据资产负债表所反映的情况，及时监控企业负债情况，并在发现负债风险过高时，有针对性地降低企业负债风险。需要注意的是，在资产负债表中，有一些条目是应该重点关注的，比如流动资产、流动负债、应收账款和所有者权益中的具体条目等，这些数据的变化都能有效预警企业可能爆发的隐患。

比如，企业发现应收账款在企业总资产中的占比过高时，就意味着该企业存在严重的资金占用情况，需要对此进行调查研究；如果这个占比增长过快，则表示这段时期内，该企业的业务质量下降了，这可能是内部出了问题，影响员工的积极性，也可能是受到市场环境的影响，管理者可以有针对性地展开调查。

再比如，企业在年初及年末的流动负债较高时，就说明该企业每股的利息负担是比较重的。在这样的情况下，企业是否能够持续盈利，就取决于该企业的管理者是否具备较强的经营分析意识和管理魄力了。

第4节 减少呆账坏账，降低财务压力

很多企业在经营过程中都会产生一些无法收回的账款，这些账款也被称为呆账、坏账。这些账款积压得越多，企业的现金流就会变得越紧张，财务的压力也会随之增大。在经营活动中，这种情况是很难完全杜绝的，但企业必须采取相应措施，将其控制在一定的额度范围内，这样才能保证企业的正常运营与发展。

那么，具体应该怎样做，才能减少呆账、坏账的产生呢？在回答这个问题之前，我们需要先追本溯源，找到呆账、坏账产生的原因。简单来说，有主观原因和客观原因两方面。

一、主观原因

一是业务人员盲目追求业绩，即使在交易过程中发现问题，也没有及时进行调查核实，甚至对问题视而不见，拖延到最后就成了呆账、坏账。

二是业务人员工作不够尽心，对客户情况变化不了解，甚至在客户"跑路"之后还浑然不知，最终不得不以呆账、坏账处理。

三是企业自身的制度存在漏洞，比如审核制度不严、监督力度不够、奖惩力度不强等，导致交易本身就存在问题，最终造成应收账款无法收回，变为呆账、坏账。

二、客观原因

一是售后问题：如发出的货物长期滞留，导致应收账款无法按时收回；或是发生货物退回等情况，导致损失账款变为呆账、坏账。

二是折扣问题：企业在进行销售活动时，可能会为了创收而给予客户一些折扣，而这部分折扣是不能转化为利润的，从本质上来说，与呆

账、坏账是一样的性质。

三是客户问题：客户方出现关停、倒闭等状况，导致账目无人核对，应收账款无法收回，成为呆账、坏账。

从呆账、坏账产生的原因可以知道，企业如果想要减少呆账、坏账，避免陷入现金流危机，需要从以下两方面入手。

第一方面，降低赊销风险。

随着市场竞争日益激烈，很多企业为了增加销售额、扩大市场影响力，开始采取赊销的手段来进行销售。不可否认，这样的方式的确能够有效增加销售业绩，但其中所蕴含的风险也是需要企业重视并加以控制的。采用赊销的方式进行销售，必然会延长产品的变现时间，减缓资金周转的周期速度，从而增加经营成本。更何况，在此期间，企业还面临着无法按时收回应收账款的风险。

虽然为了提升竞争力，企业不可能放弃赊销这一销售方式，但可以通过实施严格的保护措施，来把赊销的风险降低到可控范围。简单来说，可以从两方面入手：

一是在进行赊销前，企业要做好客户的调研，深入细致地了解客户的偿债能力、经营信誉，以及是否有充足的抵押品和担保等，并以此为依据，对客户进行信誉分级来管理。

二是在进行赊销时，可以根据客户的信誉分级来控制其赊销的额度，设立相应的赊销临界点，将赊销风险控制在企业可承受的范围内。

第二方面，加强应收账款管理。

加强企业应收账款的管理，可以有效防范呆账、坏账的产生，增加企业的现金利润。具体方法可以从以下几个方面入手，如图2-3所示。

- 01 定期盘查不良应收账款
- 02 完善应收账款管理制度
- 03 实施应收账款全过程控制
- 04 定期清理不良应收账款

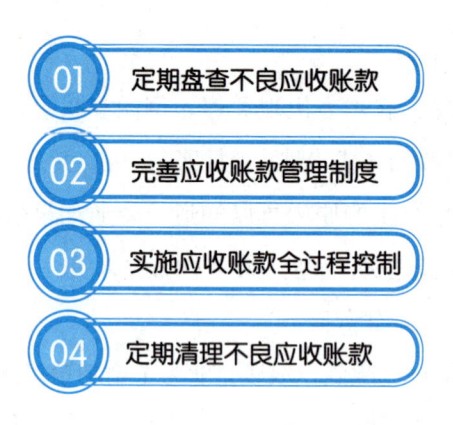

图 2-3 加强应收账款管理的四个方面

1. 定期盘查不良应收账款

很多企业都存在不良应收账款的问题，甚至有不少企业就是因为存在过多的不良应收账款，导致资产变现困难，最终走向破产的。因此，企业为了长远发展，一定要树立严控不良应收账款，减少呆账、坏账的决心，定期进行盘查，及时采取措施，将不良应收账款控制到最低。

2. 完善应收账款管理制度

很多时候，企业之所以会存在过多的不良应收账款，是因为管理制度有问题。因此，完善企业应收账款的管理制度，并保障其能够有效实施，是非常重要的。具体来说，可以通过以下几个措施：

（1）建立客户信誉评级制度，并根据评级来筛选能够达到赊销标准的客户；

（2）完善合同管理制度，对赊销周期、付款时间、付款方式、违约责任等做出明确规定，并清楚地写入合同；

（3）建立应收账款责任制度，明确赊销活动中每个参与人员的责

任,将应收账款的跟踪和催收工作明确到个人;

(4)建立严格奖惩制度,督促员工积极展开应收账款的催收工作;

(5)建立应收账款分析制度,定期将应收账款进行汇总和分析,及时讨论对策,采取措施,将企业可能面临呆账、坏账的风险降到最低。

3.实施应收账款全过程控制

企业的呆账和坏账并不是突然产生的,只要严密监控就会发现,任何呆账、坏账产生之前都有预兆。因此,如果企业能够对应收账款实现全过程的控制,就能有效防止客户"跑路",尽可能为企业挽回或减少损失。

4.定期清理不良应收账款

通常来说,已经形成的不良应收账款是很难回收的,但很难回收不代表无法回收,如果企业不付诸行动,对其采取放任态度,那么这些不良应收账款也就只能成为呆账、坏账了。因此,为了尽可能减少损失,企业可以组织专门力量,定期对已经形成的不良应收账款进行处理,可以采取一些较为灵活的方式来进行催收,比如以物抵债、分批付款等。如果对方不予配合,企业也可以考虑诉诸法律来维护自身的合法权益。

第5节 库存带来的风险

对一般企业而言,保有一定数量的各类商品库存是非常必要的,这对于维持企业生产和商品销售的稳定,以及维持企业物流和流动资金的平衡都是非常重要的。但与此同时,库存也会为企业带来风险,因此,许多现代企业管理者也将库存视作"万恶之首"。

那么，库存会为企业带来哪些风险呢？一方面，过多的商品库存不仅会占用巨额的流动资金，让企业不得不承担较大的利息支出，从而使企业的资金周转速度受到影响，而且还会让企业增加多项与库存相关的开支，如采购成本、仓储成本、管理成本等，使企业投资成本上升，利润下降。另一方面，库存过多还会掩盖企业在商品生产和销售等过程中存在的诸多问题，甚至影响到产品的生产效率。因此，库存管理对于企业来说，是一个非常重要的课题，甚至影响着企业未来发展的兴衰。

要解决好企业的库存问题，规避库存过多带来的风险，我们首先就要了解库存的构成。以库存的不同用途为标准，可以将库存分为三类，如图2-4所示。

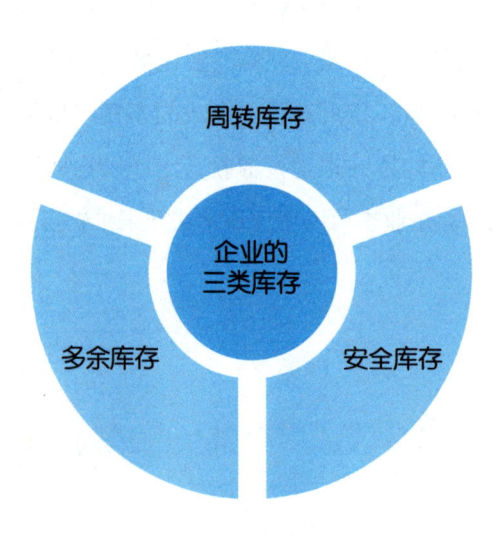

图 2-4　企业的三类库存

第一类是周转库存。周转库存指的是为满足日常生产经营的需要而保有的库存，主要由待发的成品、半成品、原材料组成。这类库存的大小主要由企业的采购量决定，通常来说，为了降低物流成本和生产成本，企业在采购时会选择批量采购、批量运输和批量生产的方式，在这个过程中，一旦库存周转率降低，就可能导致周转库存过多的情况发生。

第二类是安全库存。在企业的经营活动中，常常会出现一些不确定的因素，比如商品需求和供应的不确定性、原材料市场价格的波动等。而安全库存的作用，就是为了应对这些不确定因素。通常来说，安全库存的大小主要与库存安全系数，或者说库存服务水平有关。只有把安全系数确定在一个合适的水平上，安全库存才能发挥其最大的作用。为了避免安全库存过大带来的风险，企业可以对大数据进行统计分析，并与供应商建立更密切的战略联盟，来降低需求与供应之间的不确定性，从而尽可能地压缩安全库存。

第三类是多余库存。多余库存既不支持企业的正常运转，也不用来应对不确定的因素，是库存管理中压缩库存量的一个重点部分。通常来说，多余库存的产生主要源于企业组织行为的不当，比如销售预测的失败，包括最小订货量、订单的取消等。举个例子，某企业在购物节之前，预测某款商品或成爆款，遂备货8万件，结果最终只销售出1万件，那么剩余的7万件库存就成了多余库存。

很显然，在各类库存中，多余库存是压缩空间最大的库存，也是企业最迫切需要消除和管理的库存。而企业想要有效压缩这部分库存以节约成本，可以考虑以下几种方法，如图2-5所示。

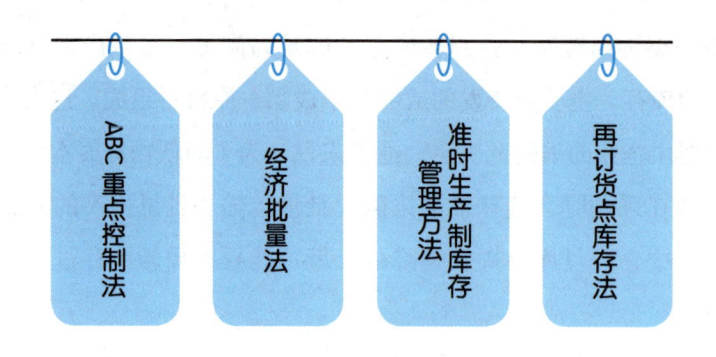

图 2-5　压缩多余库存的四种方法

1.ABC重点控制法

ABC重点控制法，就是按照重要程度或价值高低，把企业的库存分为A、B、C三类，并采用不同的库存管理方式对其进行管理。一般来说，最重要、价值最高的库存为A类库存，需要重点加强管理与控制；一般重要、价值中等的库存为B类库存，按照通常方法进行管理控制即可；种类繁多、重要性一般且价值低的库存为C类库存，只需要用最简便的方法管理控制即可。具体来说，企业可以像下面这样做：

A类库存：需要计算每个项目的经济订货量和订货点，可以适量增添订购次数，减少存货积压，避免大量的资金占用；此外，可为该类库存设置永续盘存卡片，以便更好地加强日常管理。

B类库存：同样需要计算经济订货量和订货点，也可以设置永续盘存卡片记录库存动态，但要求可适当降低，只要定期进行检查即可，不需要像管理A类库存那样严格。

C类库存：由于这类库存种类繁多，价值也不高，故而可以适当增加单次订货数量，延长订货周期。管理这类库存时，不需要花费太多精力，只需采用一些较为简便的方法进行管理。比如"双箱法"，即将某项库存物资分装在两个箱子里，一箱的库存量用于订货点的耗用量，当这箱用完时，就可以提出订货申请，补充已经领用和即将领用的库存数量。

2.经济批量法

经济批量法通常是用来确定批量和生产间隔期的一种以量定期的方法，即根据单位产品支付费用最小原则确定批量。这种方法适用范围较小，通常只有在库存耗用量或销售量固定、每次订货成本固定、单件库存储存成本固定、不考虑保险库存的情况下才适用。

3.准时生产制库存管理方法

准时生产制库存管理方法相对来说是一种比较先进的库存管理方法，这种方法的核心就是以需定供、以需定产。简单来说，就是企业在进行采购时，可以按照自己的需求，让供方在指定的时间和地点，将所需数量和规格的产品送达。只要在这个过程中不出现意外，企业就能达成生产的同步化与均衡化，从而实现"零库存"的理想目标。

4.再订货点库存法

再订货点是用来明确启动补给订货策略的货品单位数。一般情况下，为了保证生产经营活动的顺利，企业必须提前若干天购入货物，形成库存，而提前的天数就是订货提前期。理想状态下，订货提前期应该与交货天数相等。在提前进货的条件下，企业再次发出订单时剩余的货物库存就是再订货点。

对于现代企业来说，减少库存就可以避免不必要的浪费，有效增加企业的利润。库存所占用的资金及库存的周转率，都会直接影响企业的现金流状况，甚至影响企业未来的生存和发展。因此，做好库存管理，对企业的经营是至关重要的。

第6节 盯好企业生存的命脉——现金流

企业在生产经营的过程中，先通过生产产品，把现金资产变为非现金资产，然后又通过销售产品，将非现金资产转化为现金资产，这个过程就叫作现金流转。现金流转是不断往复进行，没有终点的，这个循环过程就叫作现金循环或资金循环。

现金循环分为短期现金循环和长期现金循环两种，无论在哪一种现金循环中，一旦产品价值得以实现，产生现金流入时，都要重新在新一轮的循环中参与不同性质的非现金转化，而正是这一过程的存在，导致了企业现金流的不平衡。

现金是企业进行生产经营活动的必备资产，只有持有足够的现金，企业才能从市场上取得生产资料和劳动力，为价值创造提供必要条件。可见，现金流是企业生产经营活动的第一要素，它就像企业的"血液"一样，一旦出现问题，就可能让企业陷入万劫不复的境地。所以说，企业想要在激烈的市场竞争中获得平稳发展的机会，就必须盯好现金流。

很多企业的经营管理者们都明白一个道理，对企业来说，最可怕的不是经营亏损，而是现金周转不灵。一旦资金链发生断裂，企业就可能陷入困境，甚至面临破产、倒闭的危险，这就是业内常说的现金流危机。造成现金流危机的原因主要有以下三个，如图2-6所示。

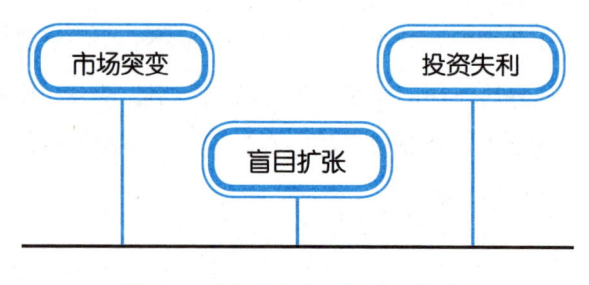

图 2-6　企业现金流危机的三个原因

一、市场突变

很多时候，企业的现金流突然出现问题，都是外部经济环境的突然变动导致的，比如政治环境的变化和政策的转变，或是生产技术的革新，又或是产品的生命周期已经从成熟走向衰败。

二、盲目扩张

任何一家企业都渴望能够做大做强，但正是因为这份渴望，有的企业在发现机遇之后，完全没有考虑自身的资本情况便盲目投入，涉足多个产业。结果，由于缺乏对项目的评估与分析，企业出现资金分散、管理粗放等问题，被一些项目频频套牢，最终陷入资金困境。

这是很多企业都曾面临的问题，有的时候，机遇不代表一定能盈利，而资产也并不等同于资金。企业如果为了抓住机遇，盲目扩张，把过多的资金转化为资产，就很可能陷入现金流危机。要记住，只有资金才能盘活更多资产，而一旦失去资金，企业拥有再多的资产也是无法正常运转起来的。

三、投资失利

现在，很多企业在经营发展的过程中，都不会只涉足一个行业，而是采取复合多元化的方式，把"鸡蛋"分别放在多个"篮子"里，以防出现突然的变故。这样做的优点是，企业即使在某一领域的经营发展出现问题，也能依赖其他领域的经营发展来规避风险。

但需要注意的是，这种复合多元化的经营方式同样存在一些缺陷，比如，企业的组织结构容易膨胀，管理难度增加；或是企业因一味追求多元化而资金、资产较为分散，在各类市场中都没有竞争优势。这样一来，企业在各个行业中的稳定性和抗压性也都会有所下降，一旦外界发生变化，就会对企业的经营发展带来巨大冲击。

第三章

生产风险防控：
把好质量和安全关

    消费者与企业之间的关系，就是一买一卖的关系，中间的纽带就是产品。产品不合格，相当于企业与消费者之间的纽带出了问题。如果这个问题是企业一手造成的，就相当于企业自己毁灭了自己。

第1节　严把质量这一关

产品是企业生命的基石,毫不夸张地说,企业未来的生存与发展,是建立在产品质量之上的。一个看似微小的产品质量缺陷,也可能引发一系列海啸般的连锁反应,并最终给企业造成无法挽回的巨大损失。

这并非危言耸听,对企业来说,产品质量无小事,更不存在小错。如果企业经营者在产品质量把关上抱有侥幸心理,对某些产品质量问题"睁一只眼闭一只眼",那么最终的结果必然会带给企业一个血淋淋的教训。

那么,应该如何来判定一个产品的质量是否达标呢?关于这一点,传统企业的判定方法与现代企业的判定方法是存在一定差异的。

简单来说,传统企业通常是以形成产品质量的概念(项目)来作为评价产品质量是否合格的基准的,这个概念就是规格。产品如果满足规格要求,就是"品质优良"的产品;产品如果能够在最低限度内达到规格要求,那么也属于合格产品,但等级评定就会略微低一些。

现代企业的评判方法则更多考虑到客户的需求。对现代企业来说,所谓产品质量,指的就是产品满足规定需要和潜在需要的特征与特性的总和。换言之,产品就是为了满足客户的使用需求而制造的,这是产品存在的价值体现,也是企业经营需要达成的目标。基于此,一件产品的质量是否过关,是否能够达到"优良"的评定等级,就看这件产品是否能够满足客户的使用需求，让客户感到满意。

无论哪一种方法，产品质量的评定归纳起来，主要是以下几点，如图3-1所示。

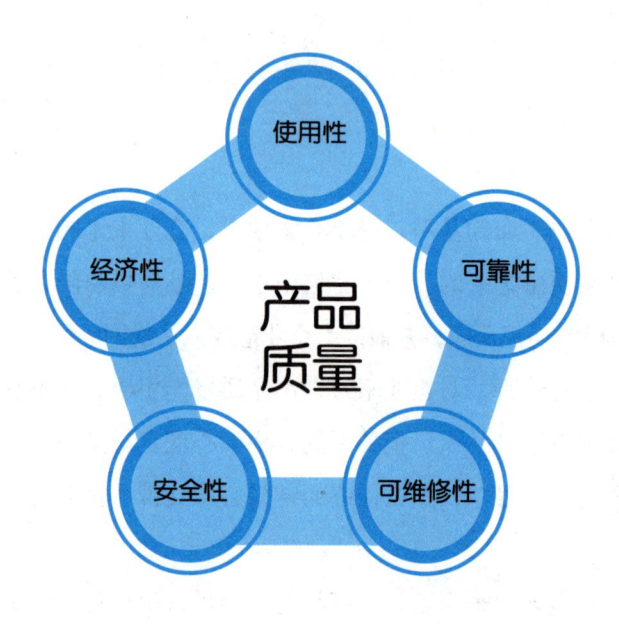

图 3-1 评定产品质量的五个要点

一是使用性。

产品的使用性能，就是指在一定条件下，产品实现预定目标或规定用途的能力。任何产品的出现，都是为了满足某些特定的使用目的或用途，只有满足了这一点，产品的存在才有意义，产品质量才可能达到合格标准。

二是可靠性。

产品的可靠性，指的就是产品在规定条件与规定时间内，所能完成规定功能的程度与能力。通常来说，判断一件产品是否可靠，可以通过该产品的功能效率、失效率、平均使用寿命、平均故障时间、平均无故障时间等参量来进行判断。

三是可维修性。

产品的可维修性，指的是产品在发生故障之后，能迅速修复并恢复其功能的一种能力。这一点通常是依据产品发生故障后的平均修复时间来判断的。

四是安全性。

产品的安全性主要指的是产品在存储、运输、销售以及使用等过程中，对人体健康，以及人身、财产安全的保障能力。

五是经济性。

产品的经济性指的就是该产品的投入成本和产出效益的高低。通常来说，评定产品经济性的参数包括产品的设计、制造、使用等方面所消耗的成本，以及产品在销售活动中所能获得的经济利益。

此外，在经营活动中，企业也需要根据特定的标准，对产品进行一定的信息披露，需要披露的信息通常包括规划、设计、制造、检测、计量、运输、储存、销售、售后服务、生态回收等。

当然，在产品生产过程中，无论企业怎样严防死守，都不可能完全避免异常状况的发生，当异常状况发生时，我们就需要及时进行处理，以保障产品质量的优化。那么，企业该如何进行产品质量异常的处理呢？

一、确定产品质量异常的具体情况

确定产品质量异常的具体情况，主要有三步：

1.分析不良类型

如果是外观不良的产品，需要根据不良部位判断出问题的工位，以便进行调整；

如果是性能不良的产品，需要拆封进行全面检查，找到不良原因；

如果是尺寸不良的产品，需要对相应操作设备进行调整和分析，找到不良原因。

2.分析不良程度

如果是轻微不良，不影响产品使用性能，可以安排技术人员先对其进行维修处理，如果维修失败，再申请报废处理；

如果确认产品严重不良，不具备维修价值，则直接申请报废；

如果出现的不良状况是之前没有发生过的，无法确认其程度，则需要暂时停止生产线工作，及时上报，以免不良产品数目增多，造成重大损失。

3.清点不良产品数量

确定产品的不良类型和程度后，需要对不良产品的数量进行清点，如果发现某个工位出现不良品的数目明显增多，就需要暂停生产，查明原因。

二、根据质量异常的原因进行相应处理

通常来说，造成质量异常的原因主要有以下五个方面，如图3-2所示。

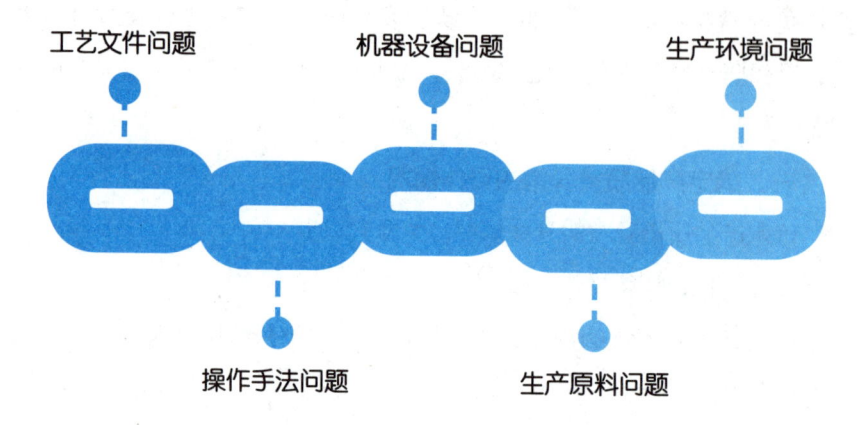

图3-2 产品质量异常的五个主要原因

1.工艺文件问题

工艺文件是指导工人进行生产操作，以及指导管理者进行生产和工艺管理所用的各种技术文件的总称。一般来说，工艺文件出现问题而导致产品质量异常的可能性是非常小的，但并非完全不可能。而且，如果工艺文件出了问题，那么就意味着，生产的所有产品都存在问题。这种情况一般只会发生在产品刚刚投产，或是发生工艺变更的阶段。

2.操作手法问题

操作手法不当所造成的产品质量问题是比较常见的，只需要帮助问题岗位的员工矫正操作手法即可。

3.机器设备问题

如果是机器设备出现问题导致的产品质量异常，那么就需要对出错岗位的机器设备进行检修。需要注意的是，在检修时，一定要记录好机器的维修时间，以便在当日的生产任务中将设备维修所造成的损失扣除。

4.生产原料问题

生产原料出现问题也会导致产品质量出现异常，这时候就需要报备给品质部门进行处理了。

5.生产环境问题

很多时候，生产环境对产品质量也是有影响的，比如生产现场的温度、湿度、卫生问题等，只有找到对应原因，才能进行相应处理。

三、确定质量异常产品的流向

除了找到和排除产品质量问题出现的原因之外，企业还需要对质量异常产品的流向进行追踪和调查，以免有问题的产品继续投产或流入市场，对企业的效益或名誉产生不良影响。

追查质量异常产品的流向可以从两方面入手：

第一，对于还在生产线上的不良半成品，如果是在问题岗位上发现的，那么只需要对其进行区分即可；如果是在后面工序中发现的，就需要找到发生不良问题的工位，并对这一区间内的所有半成品进行重新检测，找出不良品。

第二，对于已经流入当日生产的完成品中的不良品，需要先进行区分，然后统计出受影响的产品，做好不良标识，再统一进行管理。

第2节 抓好生产计划管理

生产计划管理是企业经营活动中非常重要的事项之一，其管理的好坏会直接影响企业的经营效益与未来发展，只有抓好生产计划管理，才能降低生产风险，促进企业高效发展。需要注意的是，在实际的生产活动中，会出现许多意外状况，比如客户的急单、生产设备的故障、原材料供应的不足等，这些都是企业在进行生产计划管理时需要考虑在内的。

企业在进行生产计划管理时，具体要考虑以下三个要点，如图3-3所示。

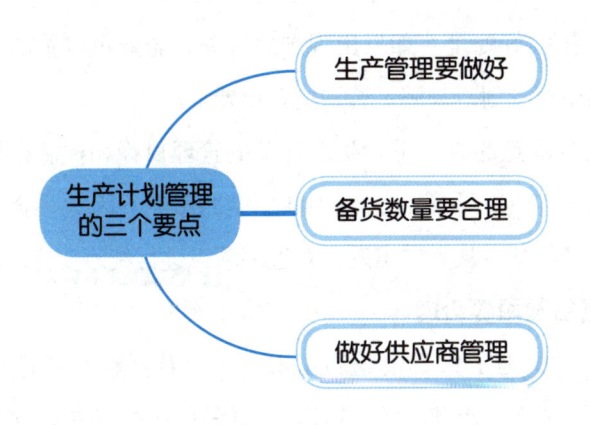

图 3-3　生产计划管理的三个要点

一、生产管理要做好

传统的生产计划往往是静态的，但在实际生产过程中，由于各种因素的影响，实际生产情况可能出现偏差，导致生产管理的难度加大。为了解决这一隐患，在制订生产计划时，管理人员要学会变静态为动态，在整体框架和生产任务不变的情况下，实时掌握生产情况，并根据实际情况进行调整，做出最优安排。

在生产过程中，意外事件不可避免发生，因此在制订生产计划时，管理者应该准备多个生产方案，以便在意外事件出现时及时做出反应，拿出应急方案，保证生产计划能够顺利执行。

在排产过程中，企业可以对生产订单进行分区管理，如冻结区、宽松区和可变区。冻结区的订单是不可更改的，通常来说，临近生产两周内的订单都可以划入冻结区；宽松区的订单有两类，一是时限要求比较宽松的实际订单，二是预测订单，这部分订单可以根据实际情况来进行灵活调整；可变区的订单则主要是预测订单，这部分订单的生产计划是随时可以进行调整的。

这样安排的好处是，如果出现加急订单，企业可以灵活调整宽松区和可变区的生产计划，来满足客户的订单要求。

最后需要注意的是，不同生产环节的管理目标和控制目标也是有所区别的，对整个生产系统也会有不同程度的影响。因此，企业一定要做好总体的生产规划，从大局出发，对近期项目进行统筹安排。

二、备货数量要合理

通常来说，为了保证企业的正常生产经营活动，在进行产品生产时，企业都会进行一定数量的备货。这样做的好处是在处理计划外的突发订单时，能够有效减少其对企业正常生产计划的冲击。但相应的，如果备货数量过大，一旦订单情况有变，就可能产生大量库存堆积，从而影响企业生产资金的周转率。

因此，在进行备货时，企业一定要做好调查分析，重视客户订单信息的收集，充分利用大数据分析工具，对以往的订单数目做到心中有数，还要提前与客户做好沟通，对订单的时间和数量有一个大体预测，以确保备货数量的合理，避免造成多余的资金占用。

三、做好供应商管理

在生产过程中，原材料如果供应不足或价格上涨，也会对企业正常的生产活动造成影响，甚至导致生产计划不能按时完成。要避免这一风险，企业就必须做好供应商的管理工作。

首先，在选定合作供应商之前，企业应对合作供应商的计划能力和市场变动状况做出分析与评估，将未来可能面临的风险考虑在内；其次，选定合作供应商之后，企业也不能放松警惕，要对其进行周期性的评估与考核，以免供应商方面出现各种变动时不能及时掌握信息，此外，原材料供应上出现的问题也要及时反馈给供应商，并要求其做出相应的改进；然后，企业要做到有备无患，尤其是对于比较重要的原材料，最好能与多家供应商展开合作，以降低可能存在的风险；最后，企业要与供应商建立深度合作关系，保持有效沟通，同时可以建议供应商建立安全库存，来减少突发状况产生时的冲击与伤害。

第3节　定期检修机器设备

机器设备故障对于生产型企业来说，是最为头疼的一件事。

一方面，机器设备一旦出现故障，就会导致生产停滞，尤其是在订单数量较大、生产时限较紧的情况下，必然会对企业的正常生产造成影响，继而发生违约风险，损害企业信誉。

另一方面，机器设备的维修本身就比较复杂，尤其是一些进口的机器设备，无论维修还是购买配件，都是一件非常麻烦的事情，需要比较长的周期。更重要的是，在生产过程中，机器设备的故障还存在一定的安全隐患，若是不幸造成安全事故，就是对企业的又一重打击。

常见的机器设备故障有以下几种类型。

磨损性故障：在工作过程中，机械内部频繁接触做相互运动的对偶表面的尺寸和形状，在长时间的摩擦作用下发生变化的现象。

老化性故障：机械使用时间过长后发生的现象。

断裂性故障：塑性断裂、脆性断裂、疲劳断裂以及应力腐蚀断裂等现象。

腐蚀性故障：物理腐蚀、化学腐蚀、电化学腐蚀等现象。

虽然机器设备故障是无法避免的事情，但也并非完全不可预测，事实上，任何机器设备故障的发生都有一定征兆，比如当机器设备出现启动困难、启动慢之类的功能异常，或是在运转过程中出现功率不足、温度过高、油气消耗过量等现象时，就需要引起重视了。

此外，做好机器设备的检修、维护工作，也能有效延长机器设备的使用寿命，并且能及时发现问题，降低故障风险，保障生产计划的顺利进行。具体应该做到以下四点，如图3-4所示。

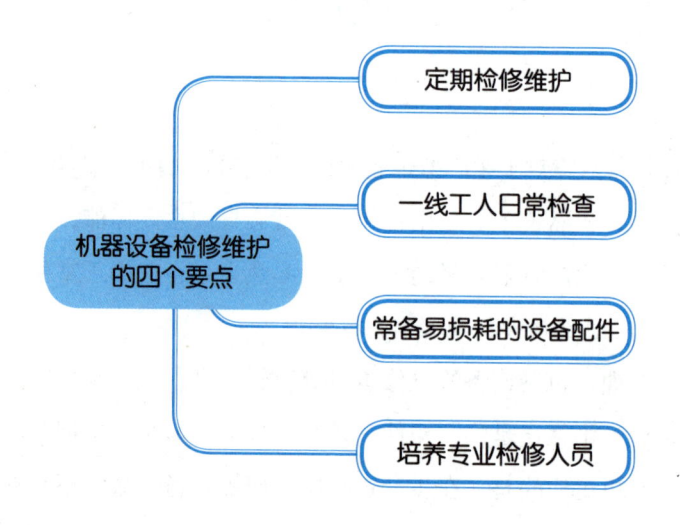

图3-4 机器设备检修维护的四个要点

一、定期检修维护

绝大多数情况下，机器设备发生故障都不是突发的，而是早有预兆的，因此，企业如果能够根据机器设备的使用情况来拟定一个机器设备定期检修维护的计划，并按时、按量地做好检修维护工作，就能把大部分故障消弭在源头。正所谓"磨刀不误砍柴工"，尤其是在企业生产赶量、赶进度的时期，对机器设备的检修和维护更是不能放松，否则一旦设备发生故障，必然会影响生产计划，从而给企业造成无可挽回的巨大损失。

二、一线工人日常检查

要说有谁对机器设备的运转情况最为了解和熟悉，那肯定是负责操作机器设备的一线工人了，他们或许不具备专业检修人员的技能和本领，但作为机器设备的操作者，没人比他们更熟悉和了解机器设备的操作运行。因此，企业可以督促一线工人对机器设备展开日常检查，对发现设备异常并及时上报的工人予以奖励。这样一来，企业就能快速发现设备异常，排除故障，降低因机器设备故障带来的风险。

三、常备易损耗的设备配件

机器设备中有一些配件是非常容易发生损耗的，对于这类配件，企业可以提前购买，以备不时之需。尤其是一些比较小众的机械或设备，生产部门一定要和采购部门积极沟通，提前搭建好采购渠道，或是提前采购部分备货，以免出现故障时买不到可用配件，从而延长机器设备的维修周期，影响企业正常生产计划。

四、培养专业检修人员

虽然很多设备厂家都能提供机器设备的检查维修服务，但在实际生产中，对于企业而言，时间就是金钱，时间就是生命，企业不可能在设备出现故障后，就暂停一切生产活动，等着厂家来维修。因此，企业其实可以培养一批自己的专业设备检修人员，来应对一些常见的机器设备故障。这样不仅有利于机器设备的日常检修维护工作，还能尽可能地节约时间，提高生产效率。

第4节　慎重选择原材料供应商

企业是否能够顺利开展生产计划，并按时完成生产指标，其实很大程度上取决于原材料的供应。正所谓"巧妇难为无米之炊"，要烹煮一锅米饭，即使没有电饭煲也可以用其他锅具代替，但如果没有米，那么无论如何都不可能变出一锅米饭来。而原材料就是生产计划的"米"，因此，企业想要保证生产计划的顺利，就需要在选择供应商以及与供应商展开合作时慎之又慎，尽可能将风险压至最低。

通常来说，企业选择和管理供应商时，有两方面是需要考虑的，一是原材料质量，二是供应商信誉。

考虑原材料质量时，不是质量越高就越好，毕竟质量与价格往往是成正比的，质量越好就意味着价格越高，而作为生产方，选择的原材料质量越好，也就意味着生产成本越高。更重要的是，如果原材料的质量远超企业生产商品所要求的标准，那么超出的部分实际上也是一种浪费。

考虑供应商信誉，主要是为了保证供应商能够按照合同规定的期限和交货条件进行供货，以确保企业生产计划的顺利展开。

择定供应商后，并不意味着企业就能高枕无忧了，事实上，挑战才刚刚开始。供应商的管理可以说是企业最具风险的管理问题之一，但也只有做好这部分的管理，才能从根本上防范原材料风险，保障企业的生产与经营。具体做法包括以下三个方面，如图3-5所示。

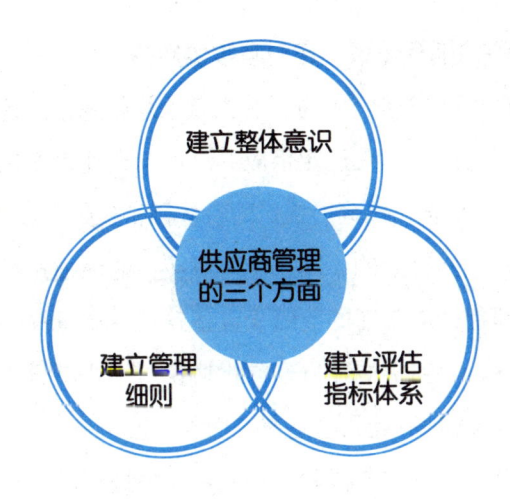

图 3-5　供应商管理的三个方面

一、建立整体意识，将供应商看作企业的一部分

有一些企业在面对供应商时，总会不自觉地流露出一种高高在上的态度，认为自己在供应商面前是甲方，是提出目标和意见的一方，地位高一些也无可厚非。然而事实上，企业与供应商之间的关系是相互制约的，企业是供应商的甲方，是能帮助供应商实现商品变现的客户，但与此同时，供应商也制约着企业的生产发展。企业方如果一直抱着高高在上的态度来处理和供应商之间的关系，那么最终吃亏的也只会是自己。

企业管理者在面对供应商时，应该建立一种整体意识，把供应商看作是企业的一部分。事实也的确是这样，供应商与企业之间的联系是非常紧密的，只有双方都保持一个稳定发展的状态，才能实现合作共赢，携手共进。比如，丰田公司与其供应商的关系就是一个很好的典范，丰田公司非常乐于为供应商提供帮助，包括为对方的公司进行评估，帮助对方降低成本、培训员工，建立精良的管理体系等。正因如此，汽车业的供应商都愿意与丰田展开合作，也十分愿意配合满足他们的高要求。

二、建立评估指标体系，定时考核供应商

任何事物都是在发展变化的，供应商也是如此，因此，为了保障企业生产计划的顺利进行，在选定供应商之后，企业仍旧需要对其进行定时的评估与考核，确保供应商所提供的原材料和服务能够让企业满意。

通常来说，不同行业的不同企业对供应商的评估指标都是有所不同的，但基本上都包括供应商的业绩、设备管理、质量控制、成本控制、价格、技术开发、人力资源开发、交货协议、用户满意度等方面，企业在建立评估指标体系时，也可从这些方面入手。

在对供应商进行评估考核时，企业可以根据自己的实际情况来制定具体标准，对于那些不能通过评估考核、存在一定问题的供应商，如果还有改进余地，便立即要求其进行整改，如果对方不予配合，或是始终见不到成效，则可以考虑予以淘汰，选择新的供应商。

三、建立管理细则，加强与供应商的合作

为了保证原材料供应的顺利进行，企业应加强对供应商的细则管理，具体来说，可以从以下几个方面入手：

1.品质管理

为了确保供应商所供应的原材料品质能够达到企业的生产要求，企业可以不定期地对供应商进行巡检，并在供应商准备原材料的过程中展开不定时的质量抽检，以便及时发现问题、做出调整，保证原材料能够按时按质交货。

2.成本管理

对于企业来说，原材料的价格高低可以直接影响企业生产成本的高低，那么相应的，供应商的成本高低也能直接影响原材料的价格高低。因此，如果企业能够帮助供应商研发新的技术，降低成本，那么这部分的利润最终也能回馈到自己身上。

3.进度管理

供应商是否能够按时交货,对企业是否能够正常推进生产计划,有着至关重要的影响。因此,企业在与供应商合作时,最好能够随时了解供应商的备货进度,比如可以借助ERP系统,让供应商及时更新生产数据,千万不要临近交货日期时才想起来去催促。

4.契约管理

企业要对供应商进行契约管理,把一切要求细则都清楚明白地呈现在合同上,而不是仅仅依靠口头协议去约束供应商。

第5节 树立安全生产意识

安全生产是保护劳动者的安全、健康和国家财产,促进社会生产力发展的基本保证,同时也是保证社会主义经济发展,进一步实现改革开放的基本条件。

所谓安全生产,指的就是在生产经营活动中,企业采取一系列相应的事故预防和控制措施,以确保生产过程在符合规定的条件下进行,保证企业成员的人身安全与健康,保证生产设备、设施免受损害,从而让企业的生产经营活动得以顺利进行。

要做到安全生产,树立安全意识是关键。如果企业成员缺乏安全意识,那么企业即使制定再多的规则,拥有再全面的保护措施,也很难真正做到安全生产。规章制度能否真正落实到行动上,关键还是要看执行者有没有这个意识。

在生产过程中，无论在什么场合，遇到什么情况，安全工作永远都应该摆在第一位。而在安全工作中，事前预防永远是重中之重，企业要让员工树立起"预防为主"的超前意识，尽可能做到预先发现、鉴别、判断可能导致事故的原因，并采取相应的防范措施，来把工伤事故与各种职业危害都提前消灭。

要做到这一点，企业就要先抓好"三前"意识，如图3-6所示。

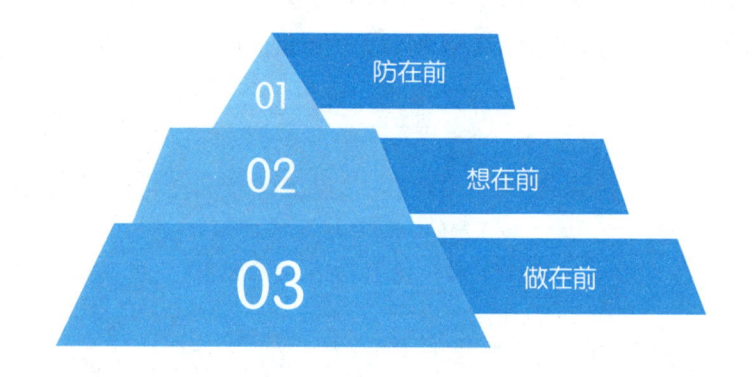

图3-6 安全生产的"三前"意识

一、防在前

很多时候，事故的发生都是让人猝不及防的。在事故发生之前，大多数人都抱有一种侥幸心理，认为事故距离自己十分遥远；然而事故一旦发生，人们回过头去找原因，就会发现，其实很多事故都是可以避免的。在企业的生产活动中也是一样，很多事故之所以会发生，主要还是因为一些管理人员和操作人员缺乏安全防范意识，忽略了平时的安全管理工作，未能及时发现并排除可能存在的隐患，导致原本的小问题、小毛病，一步步扩大、恶化，最终造成严重的后果和难以挽回的损失。

所以说，要做好安全工作，关键还是要树立"防在前"的安全意识，做到防患于未然，在事故发生之前就把一切危险因素消除掉。此外，加大安全监督管理的力度也是非常重要的，企业要把各项防范措施在事故发生之前落实到位，将隐患消灭在萌芽状态，这样才能牢牢掌握住安全工作的主动权，将事故的发生率降到最低。

二、想在前

如果每一个员工在每天开始工作之前，都先想一想，自己的工作中是否存在什么安全隐患，要用哪些办法或采取怎样的措施，才能应对一切可能发生的危险，从而保证安全生产的顺利进行，那么相信很多意外事故都是可以避免的，很多危险因素也都能在真正造成损失之前就被发现和清除。这就是"想在前"。

在安全生产的过程中，企业也要不断探索和研究，建立一套行之有效的规章制度并不断完善，来保障生产活动的安全；企业还要不断强化和提高企业成员的素质，把一切不安全因素都排除掉，尽可能减少人的不安全行为。

总而言之，无论是企业的领导者、管理者，还是工作在一线的员工，都应该树立"想在前"的安全意识，保障安全生产的顺利进行。

三、做在前

绝大多数事故的发生都是有规律、有预兆的，在意外或事故发生之后，我们需要认真分析造成意外或事故的原因，并从中找到一些规律性的东西，总结经验与教训，尽力防止类似悲剧的重演。

在生产活动中，管理者要有意识地去分析和思考每一个流程中可能存在的隐患，结合自己以往的经验，争取"做在前"，把一切危险因素都扼杀在摇篮里。要做到这一点，管理者就要对企业的生产现状、作业场所的基本情况，以及事故多发区段的防护工作，心中有数，了如指掌。

第6节 建立安全生产责任制

安全生产责任制，就是指根据安全生产相关的法律法规和企业生产的实际情况，将各级领导、职能部门、工程技术人员、岗位操作人员在安全生产方面应该做的事情和应负的责任加以明确规定的一种制度。

安全生产责任制是企业岗位责任制的一个组成部分，是企业中最基本的一项安全制度，也是企业安全生产、劳动保护管理制度的核心。诸多事实也都表明，凡是建立和完善了安全生产责任制，并将安全生产工作落实到位的企业，工伤事故和职业性疾病的发生都会有明显的减少。相反，那些没有建立安全生产责任制的企业，在遭遇意外事故时，往往会出现职责不清、相互推诿的现象，致使安全生产、劳动保护工作无人负责，也无法进行。

对企业而言，实行安全生产责任制意义重大，主要有以下几点：

第一，安全生产责任制是企业安全生产管理的核心，是企业最基本的安全制度，也是实现安全生产管理工作制度化、规范化、科学化的重要手段。

第二，安全生产责任制是企业安全生产管理制度的中心环节。在生产管理的过程中，企业所制定的一切有关安全生产的规章制度，都必须建立在安全生产责任制的基础上，其他各项规章制度的贯彻实施也都同样需要建立在安全生产责任制的基础上。

第三，安全生产责任制是企业落实安全生产方针的根本，可以激发广大干部和员工的安全生产积极性，保证安全生产方针得以贯彻执行。

第四，安全生产责任制是促进安全生产、社会安定、经济发展的本质要求。安全生产责任制是生命安全的保障，同时也是经济效益和社会效益的保障。安全生产责任制需要达到的目的，是安全生产、促进生产，以及保护劳动者利益，从而进一步促进社会的繁荣与经济的发展。

第五，安全生产责任制是企业做好安全管理工作的出发点与基本要求。企业在对生产工作进行布置、检查、总结和评比的时候，也要把安全工作列为重要内容。

为了确保安全生产工作的落实，企业需要做到以下几点，如图3-7所示。

落实安全生产工作

01 加强对安全生产工作的领导

02 安全管理制度化，安全措施规范化，作业行为标准化

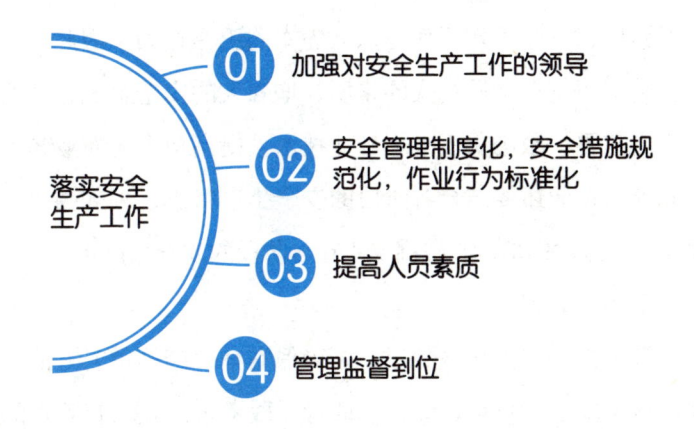

03 提高人员素质

04 管理监督到位

图 3-7　落实安全生产工作的四个重点

1.加强对安全生产工作的领导

要把安全生产工作做好，企业就必须加强对安全生产工作的领导，这是实现安全生产的根本保证。简单来说，就是要做到六个字——"管到底，理到位"。

"管到底"，就是要把"安全第一，预防为主"的思想方针贯彻到底，做到严抓细管，刚性考核，决不姑息任何违反安全规章制度的行为；"理到位"就是要把安全工作行为准则都理出头绪，并不断完善和

调整检查制度、检查标准，以及考核的奖惩措施等。

企业只有做到始终坚持把安全生产摆在首要位置，不断健全和完善安全生产保证体系和安全生产监督体系，全面落实安全生产责任制，才能进一步加强安全生产管理的工作。

2.安全管理制度化，安全措施规范化，作业行为标准化

做到安全管理制度化、安全措施规范化和作业行为标准化，是企业安全生产管理工作最基本的要求。

3.提高人员素质

说到底，安全管理工作是以人为本的工作行为。因此，要做好这项工作，关键还是在于提高人的素质，增强人的安全意识，企业要结合实际的生产需要，激励员工学习专业技术，提高员工的专业知识和技能水平。此外，企业还要结合各阶段的安全生产特点，来加强对员工在安全知识和技能方面的培训，提高员工在各阶段的安全生产水平。

4.管理监督到位

把管理监督的工作做到位，是确保安全生产的重要方法。安全监督管理应该突出三个特点：敢抓、敢管、敢考核。在监督管理的过程中，企业要根据不断发展的生产需求，及时发现并排除隐患，纠正和查处违章行为，做到由事后处罚向事前监督和过程监督的转变，坚持"以人为本，重在教育和预防"的原则。

第四章

成本风险防控：
科学应对失控的成本

  企业的最终目的是盈利，提高盈利的方式并非只有一种。如果能在生产过程中节约成本，企业盈利自然会提高。那么，如何科学控制成本，就成了直接增加企业盈利的一门学问。

第四章　成本风险防控：科学应对失控的成本　73

第1节　成本管理不只是降低成本

成本管理是企业日常经营管理中的一项重要工作，对于企业的生产经营有着十分重要的意义。一切销售活动的决策，首先都必须满足一个前提，那就是能够补偿成本耗费，这样才能保证不影响企业的再生产。换言之，在产品数量和销售价格等同的条件下，成本的高低直接影响和制约着企业的生存和发展。

看到这里，很多人可能会产生一种误解，认为成本管理等同于降低成本。这种想法并不完全正确，应该说，降低成本只是成本管理中的一个目标。但一味降低成本，并不能达成成本管理的目的。

简单来说，成本管理是为了建立和保持企业长期竞争优势而存在的一种管理措施。其主要目的与意义体现在三个方面：

第一，通过成本管理实现生产成本的降低，让企业能够更好地进行扩大再生产；

第二，通过成本管理实现企业利润的增加，从而提高企业的经济效益；

第三，通过成本管理增强企业的竞争能力和抗压能力，让企业在市场竞争中取得优势。

成本管理主要由下面这四项内容组成，如图4-1所示。

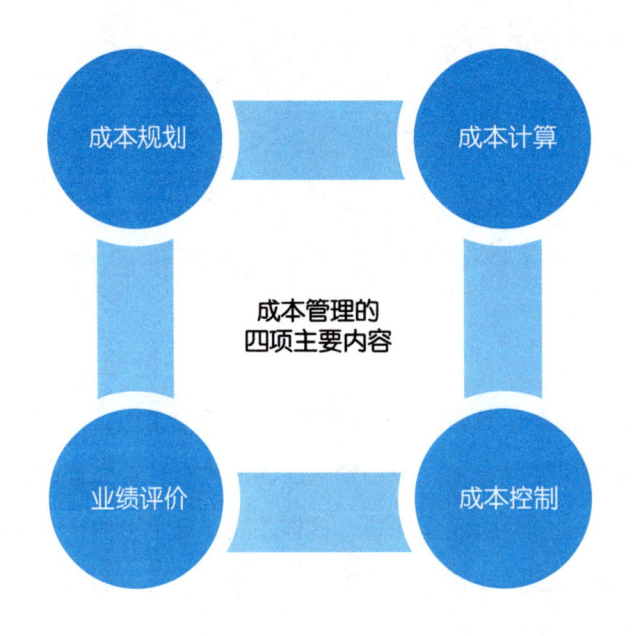

图 4-1 成本管理的四项主要内容

1. 成本规划

成本规划就是对成本管理做出的规划，是对成本管理工作的总体把握，为具体的成本管理工作提供了战略思路和总体要求。企业在进行成本规划时，需要考虑自身所处的经济环境和制定的竞争战略。成本规划主要包括这几项内容：确定成本管理的重点、规划控制成本的战略途径、提出成本计算的精度要求，以及确定业绩评价的目的与标准。

2. 成本计算

成本计算是对一定的成本对象在企业生产和经营过程中所产生的成本及费用进行计算，从而确定总成本和单位成本的一种方法。通过成本计算，企业可以更加了解成本的构成情况，也能更清晰明了地对成本计划的完成情况进行考核，从而了解企业生产经营的成果，再有针对性地提出措施，展开行动，实现提高经济效益的目的。

3.成本控制

成本控制是把企业的生产成本控制在一定范围内的工作，需要先根据估算对企业的实际成本进行检测，标记出实际或潜在的偏差，然后采取相应措施，来对生产成本进行控制。

4.业绩评价

业绩评价就是运用数理统计和运筹学，建立一套综合评价指标体系，来对企业一定时期的盈利能力、资产质量、债务风险以及经营增长等各方面内容进行综合评判。

那么，现代企业怎样才能把成本管理工作做好呢？

第一，建设制度是根本。

在成本管理工作中，制度的建设是根本，没有制度建设，就不能固化成本管理运行，不能保证成本控制质量。在实际的成本管理中，制度建设最常面临的两个问题，一是制度不完善，二是执行不到位。

先说第一点，制度的不完善。很多企业在进行制度建设时，都习惯从规范角度出发，把每一条制度的内容都制定得像是发号施令。但实际上，正确的制度建设应该从运行出发，因为只有这样，才能让责任人找准位置，便于运作。

再说第二点，执行不到位。在建设制度时，企业如果总是强调管理基础差、人员有限制等客观原因，却不涉及具体的利益调整和责任奖惩，那么在执行时是很难落实到位的，这样的最终结果就是让制度形同虚设。

第二，定额设置是核心。

定额就是企业在一定生产技术水平和组织条件下，人力、物力、财力等各种资源的消耗上限，主要分为材料定额和工时定额两类。其中，工时定额的设置需要依据各地区不同的收入水平和人力资源状况等多方面的因素去考虑。

在成本管理工作中，设置生产过程中的消耗定额是非常必要的，只有设置好消耗定额，才能把控好成本的消耗，达到成本控制的目的。而在实际操作过程中，根据企业生产经营的特点和成本控制的需要，还可能会出现动力定额、费用定额等项目。

定额管理是成本控制基础工作的核心，也是成本预测、决策、核算、分析、分配的主要依据。只有先建立定额领料制度，才能更好地控制材料成本和燃料动力成本；只有先建立人工包干制度，才能更好地控制工时成本和制造费用。可以说，没有合适的定额管理，就无法稳定控制生产成本。

第三，标准化工作是必须。

标准化工作是现代企业管理最基本的要求，也是企业正常经营运行的基础保障，只有确保标准化工作，企业的生产经营活动和各项管理工作才能做到合理化、规范化、高效化。此外，标准化工作也是成本控制成功的前提，只有确保了这一点，企业的成本控制工作才能顺利执行下去。

在成本控制的过程中，有三项标准化工作是极为重要的：

1.计量标准化

计量，就是用科学的方法与手段，对生产活动中量和质的数值进行测定，从而为成本管理控制提供准确的数据。只有设定统一的计量标准和准确的基础数据，做到计量标准化，才能得到准确的成本信息，从而进行成本控制。

2.价格标准化

在成本控制过程中，需要确定两个标准价格：一个是内部价格，一个是外部价格。

内部价格就是企业内部各核算单位之间以及各核算单位与企业模拟市场之间，进行商品交换的价值尺度；外部价格就是企业与外部企业进行购销活动的结算价格。

3.质量标准化

质量是产品的灵魂，是企业经营发展的基石，没有质量，哪怕成本再低也是徒劳。优秀的成本管理必然是质量控制下的成本控制。因此，质量标准化可以说是成本控制的前提与基础，没有质量标准，成本控制就会失去方向。

第2节　整体布局，打通上下游产业链

对于任何一家企业来说，生产成本的支出都是有优先权的，可以说，商品生产是企业一切经营活动的基础。在企业的经营活动中，构成经营总成本最主要的部分，就是商品的生产成本。换言之，降低生产成本是降低企业经营总成本最有效也最主要的方法，它甚至直接影响着企业在经济活动中的竞争力。

但在科技高速发展的今天，任何物品在市场中的价格都变得越来越透明，在保证产品质量的同时降低生产成本并不是一件容易的事，必须通过系统性的战略工程来实现，也就是要打通上下游产业链，整合资源。

整体布局，打通上下游产业链，将资源进行统一整合，能够帮助企

业有效降低生产成本，构筑起质量与成本兼顾的竞争优势。企业具体要做到以下三点，如图4-2所示。

```
                    ┌─ 做好企业所处产业链的定位
       整体布局 ────┼─ 做好与企业现有产业的衔接
                    └─ 注意和所在地区的产业相联结
```

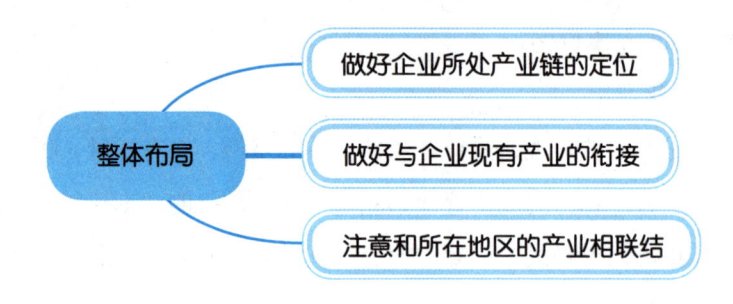

图4-2　企业整体布局的三个重点

一、做好企业所处产业链的定位

不同行业的产业链结构是不相同的，不同企业在其所处的产业链中的位置也千差万别，而所处位置不同，企业所扮演的角色自然也各不相同。企业如果想要通过整体布局来打通上下游产业链，从而降低生产成本，那么首先要做的，就是明确自己处于该行业产业链的什么位置，只有先确定了这一点，才能展开后续的工作。

企业明确自己所处的位置后，就要梳理出自己的上游和下游，以及周边的配套产业都有哪些，而这些正是企业进行整体布局时需要考察的主要对象。

最后，企业要清点资产和流动资金，确定自己能够拿出来用于投资的资金数目，然后根据调查所得的资料，计算出上游、下游和周边配套产业的投资产出比，通过综合分析后，推算出具备初步布局价值的领域。

二、做好与企业现有产业的衔接

很多企业，尤其是老牌企业，对自己所从事的产业领域已经有了较为深入的了解，同时也已经建立起一套比较成熟的运作模式，这些都是企业自身所具备的优势。在这一基础上，企业只要能够提高对现有资源的利用率，就能有效达到控制成本的目的。在布局上下游产业时，企业可以充分利用这一优势，首选那些能够与自身现有产业相互衔接的项目进行投资，这样成功率也会更高。

需要注意的是，在对上下游产业进行投资时，企业能够降低多少成本，获得多少利益，主要还是取决于企业管理水平的高低，而非所投资项目的种类和大小。而且，不同类型的企业在经营管理方面有各自不同的方式和方法，甚至不同地区的企业，在管理要求上会存在很大的差异。因此，在选择投资项目的时候，企业一定要做好调研工作，充分了解项目的特征与管理特点之后再做出选择。

三、注意和所在地区的产业相联结

在行业布局中，原料的集散市场和产品的集中展示市场是至关重要的部分。在这些区域中，所有的生产资源、劳动力资源、技术资源和市场资源都相对集中并配套，形成了一个费用相对较低的经济圈。如果企业能够充分利用这些地区的优势来进行上下游布局，那么降低成本的效果必然会更好。

第3节　科学管理库存，有效降低成本

很多实体经济的从业者，尤其是从事精益生产的从业者，都听过这样一句话："库存是万恶之源。"还有人说："库存即亏损。"为什么

会有这些说法呢？库存对于现代企业经营来说真的这样"危险"吗？

事实上，库存带来的风险是每个做实体经济的企业都必须面对的。现在，很多企业越做越大，销售额翻了又翻，仓库也越建越大，可流动资金却没增加多少，有的企业规模反而还"缩水"了。为什么会这样呢？资金哪里去了？再一核查，资金居然都投入库存成本里了。对企业来说，不能变现的库存，对经营和发展是没有多少价值的。而这正是现代企业经营活动中普遍存在的现象。所以说，企业想要有效降低成本，就必须重视库存问题，学会用科学的方式管理库存。

正确认识库存种类，能够帮助企业根据实际情况更好地对库存进行科学管理。按照企业库存管理目的进行划分，库存种类可以分为以下几种：

1.周转库存

周转库存是企业为完成商品流转计划，保证市场正常供应，根据商品的销售任务、流通速度所需的周转数量而建设的商品库存，是商业活动中保证商品流通的重要物质基础。

2.安全库存

安全库存是企业为了应对物资供应或需求的不确定性，如大量突发订单、交货意外中断或延期等而建设的缓冲库存。其库存数量多少主要取决于供应和需求的不确定性，以及顾客的订货满足率。

3.积压库存

积压库存是指那些因为商品本身品质不佳或损坏而无法变现，或者因为销售市场中发生的不可预期事件而滞销的商品库存。

4.季节性库存

对于那些有明显季节性特征的商品，如羽绒服、驱蚊水等，不同季节的需求差异较大，为了保证正常的生产和销售，通常会建立一部分的季节性产品库。

5.加工和运输过程库存

那些处于流通加工或等待加工状态，暂时被存储的商品叫作加工库存；而处于运输状态，或是为了运输而暂时处于储备状态的商品就叫作运输过程库存。

6.促销库存

促销库存是企业为了应对即将到来的促销活动而建立的库存。

7.时间效用库存

时间效用库存的建立主要有两种作用：一是避免商品价格上涨带来亏损；二是在商品价格上涨时从中获利。

企业想要在保证正常运营的前提下科学管理库存，避免出现超储或缺货的情况，可以从以下几点做起，如图4-3所示。

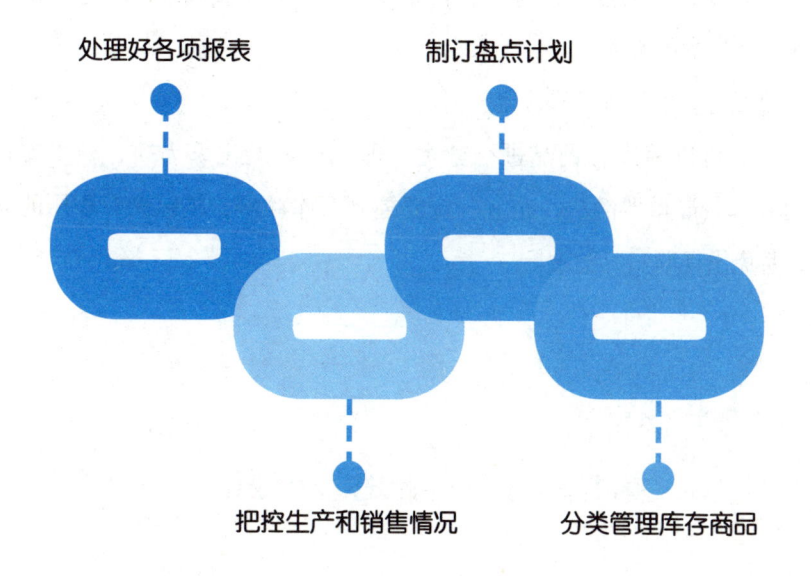

图4-3 科学管理库存的四个要点

第一，处理好各项报表。

通过基础报表数据，企业可以对整体的销售情况做到心中有数，从而根据实际销售情况，及时对商品的品类进行调整，促进销售，加快库存周转。

第二，把控生产和销售情况。

企业需要定期维护和更新商品档案，了解商品的生产和销售情况，以确保库存数据的准确性。此外，企业还可以参考往年的生产和销售数据，在满足商品销售活动需求的前提下，提高销售业绩，避免大量囤货影响到库存周转。

第三，制订盘点计划。

企业需要制订定期盘点计划，尤其是要加强对高值商品、易短少商品和易损耗商品的盘点，以了解商品的实际库存，避免出现虚假库存的情况。此外，定期盘点还有助于企业及时发现和调整商品的库存情况，以保证订货数的准确。

第四，分类管理库存商品。

企业可以将库存商品进行分类管理，尽可能化繁为简，减少库存管理成本。最重要的是，企业一定要控制好库存量，消除库存积压的同时，避免出现断货的情况。

第4节 成本"洼地"何处觅？

由于多种因素的影响，不同国家和地区的经济发展水平是有很大差别的。由于人力成本和税务成本的不平衡，许多大型跨国企业有机会在不同的国家和地区寻找到成本"洼地"，以实现生产成本的降低。

其实，很多大型跨国企业都在做这件事，对于这些企业来说，这已经成了一种常规操作。一般来说，企业选取成本"洼地"的标准，主要有以下几个，如图4-4所示。

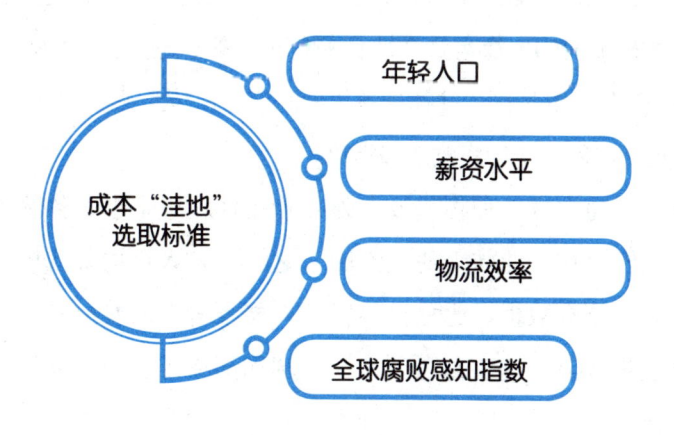

图4-4 成本"洼地"的四个选取标准

选取标准一：年轻人口。

劳动力供给是影响劳动力成本的关键因素之一，通常来说，劳动力供给越多的地方，其获取成本就越低。也就是说，年轻人口越多的地区，就越有可能成为劳动力成本的"洼地"。正因如此，人口一直以来都是引导产业转移方向的主线。

选取标准二：薪资水平。

不同行业在不同国家和地区的发展情况及薪资水平都是有所不同的。因此，企业在寻找成本"洼地"的时候，还需要考虑不同行业在这个国家和地区的发展情况。而薪资水平是最能直观反映一个地区劳动力成本高低的因素，企业在筛选成本"洼地"时，可以把雇用员工的人均GDP作为劳动力成本的代理变量，对备选地区的劳动力成本进行衡量。

选取标准三：物流效率。

运输成本也是影响产业转移的重要因素之一，如果运输成本过于高昂，无疑会大大增加商品的总成本，从而压缩商品利润，这对企业的经营和发展是不利的。海运是全球贸易最重要的运输方式，因此，海路运输能力较为发达的地区，往往具备更大的竞争优势。

选取标准四：全球腐败感知指数。

除了劳动力成本和物流效率外，政治环境也是影响备选国家或地区是否能够承接产业转入的关键因素之一。各大机构都曾出具过各种各样的腐败指数数据，比如世界银行发展报告中的腐败指数、商业国际的腐败指数等，这些都可以作为了解和衡量备选地区政治环境的关键指标。

企业在选定成本"洼地"，并准备投入资金时，需要注意以下几方面的问题：

第一，规范进行海外投资布局。

近些年，我国越来越多的企业开始在海外进行投资。为了加强对中国企业海外投资的管理，规范中国企业在海外的投资行为，国家发展和改革委员会在2017年公布了《企业境外投资管理办法》。企业在进行海外投资布局的时候，一定要注意严格遵守国家的相关法律法规，凡事都要取得审批资格，只有这样，才能避开陷阱，降低法律风险，顺利达成降低成本的目的。

第二，了解海外成本"洼地"的隐性成本。

企业在海外选择成本"洼地"时，不仅要考虑到当地的人力成本和税收政策，还要考虑当地的基础设施建设情况、交通情况、人力资源的素质与知识水平、社会氛围、风俗文化等。有一些地区，单从人力成本和税收政策来看，成本是非常低廉的，但在实际操作中，却暗藏着很多隐性成本，这些就需要企业自己去了解和挖掘了。

第三，合法开设海外分部。

选择好合适的海外成本"洼地"，并确定好要进行整体布局的业务之后，企业就可以着手进行投资开设分部或子公司等事宜了。但需要注意的是，在不同的国家和地区，关于企业开设、经营、纳税以及本地员工占比等方面的法律法规也是有所不同的，企业一定要了解清楚之后，遵照当地法律法规来执行海外分部或子公司的开设。

第5节　采购与成本，密不可分

企业要提高经济效益，不外乎四个字——开源节流。而采购正是节流的源头，企业做好采购管理，才能有效降低生产成本，提高商品利润和市场竞争力。

采购管理就是对制订采购计划、生成采购单、执行采购单、到货接收、检验入库、收集发票、采购结算等采购活动的全过程进行科学管理，并对每一个采购环节的工作和状态都展开严密的跟踪与监督。

下面就来具体说一说关于采购管理的流程，如图4-5所示。

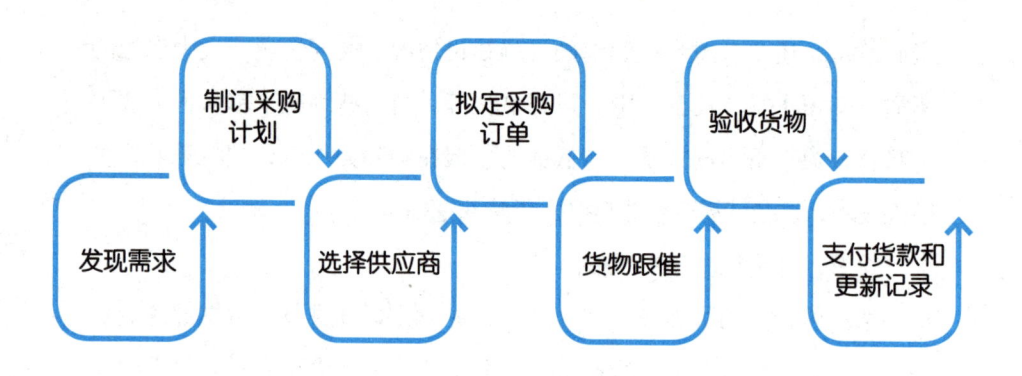

图 4-5 采购管理的流程

一、发现需求

采购是从发现需求开始的,因为企业中的某一部门有具体需求,所以需要进行采购行为。比如办公室需要办公用具,生产部门需要原材料,实验室需要实验器材等,这些就是企业各部门的需求,有了这些需求,企业就需要通过采购相应的货品来满足这些需求。

市场上可供选择的货物是非常多的,不管是办公用具、实验器材还是原材料,都有多种选择,而最清楚具体需求的,当然是这些有采购需求的部门。因此,在发现需求之后,各部门还应该提出自己的采购计划,说清楚自己的具体需求,将其提交给企业内部负责采购的部门。

二、制订采购计划

采购之前,企业管理人员要先了解市场的供求状况,掌握企业物料消耗的规律,然后再制订一个合适的采购计划。可以通过以下步骤来完成采购计划的制订:

1.评估采购需求

公司部门提出采购需求之后,采购部门需要对采购内容进行评估,如采购物料的数量、规格、质量标准以及所涉及的金额等。需要注意的是，这份评估一定要建立在专业基础之上，这样才能保证采购的科学性。因此，在做评估时，采购部门最好能找具备相关经验，或对要采购的物品有一定了解的人来进行检查评估。

2.计算认证容量

评估通过后，采购部门需要对采购的物料项目进行分析认证，一方面是要确认市场上的存货数量是否能够满足采购需求；另一方面则是要确认所要采购商品的数量和质量是否合理。

3.制订认证计划

在制订认证计划时，采购部门要把物料认证需求与市场容量进行综合对比，如果市场容量小于物料认证需求，则需要确定剩余采购容量的同时，寻找新的供货渠道。

认证物料数量的计算公式如下：

认证物料数量＝开发样件需求数量＋检验测试需求数量＋样品数量＋机动数量

4.准备订单计划

（1）预测市场需求：想要制订准确的订单计划，就要先了解采购需求和市场需求，将其进一步分解后得到生产需求计划。

（2）确定生产需求：采购人员应对企业的生产计划有一定了解，才能真正了解和掌握各种生产物料的需求，并确定企业的综合生产需求。

（3）准备相关的订单环境资料：供应商信息、订单比例信息、包装信息、订单周期等。

（4）制订订单计划说明书：包括订单计划说明书（物料名称、需求数量、到货日期），以及附表（市场需求计划、生产需求计划、订单环境资料）。

5. 评估订单需求

包括分析市场需求、分析生产需求、确定订单需求。

6. 计算订单容量

准确计算出订单容量，才能与认证需求和认证容量进行对比，经过平衡后做出最合适也最精确的订单计划。这一步包括四个方面的内容：分析项目供应资料、计算总体订单容量、计算承接订单量、确定剩余订单容量。

7. 制定订单计划

这是采购计划的最后一个环节，也是最重要的一个环节，之后就可以按照计划进行采购工作了。

一份订单的内容包括下单数量和下单时间两个方面：

下单数量＝生产需求量－计划入库量现有库存＋安全库存量

下单时间＝要求到货时间－认证周期－订单周期－缓冲时间

三、选择供应商

选择一个合适的供应商，采购管理就能成功一半。一个好的供应商能够提供给企业高质量的、价格合理的、数量足够的、能够准时交货的物资供应，还能提供良好的售后服务。所以，企业的采购部门在选择供应商时，一定要做好调查和了解，不要急着下决定。

四、拟定采购订单

拟定书面的采购订单是非常重要的一件事，即使采购部门已经通过电话发出过采购订单，事后也要按照规定来补上书面协议，以免日后发生纠纷。

五、货物跟催

采购部门把采购订单发给供应商之后,就可以准备进入货物跟催的环节了。一些企业内部甚至设有专职的跟踪和催货人员,以确保订单能够顺利完成。这样做的好处就在于能够及时发现采购中的问题,比如商品质量问题、发运货环节问题等。此外,货物跟催也相当于向供应商变相施压的一种方式,能够让其更好地履行承诺。

六、验收货物

货物验收需要注意以下几点:

第一点,货物是否已经实际到达;

第二点,货物是否完好无损;

第三点,到货数量与订购数量是否一致;

第四点,货物是否送到指定的仓库存储或转运。

在货物验收过程中,会出现货物短缺的情况,这种情况可能是在运输过程中丢失了部分货物导致的,也可能是供应商清点失误造成的。采购部门在发现此类情况时,要及时联系供应商予以解决。

七、支付货款和更新记录

货物验收完毕之后,采购部门就可以按照采购协议向供应商支付货款了。这个环节需要注意的主要是发票的审核。

以上步骤全部完成,就是一次完整的采购管理了。最后,不要忘记更新采购记录,并将所有相关文本进行汇集与归档,方便以后进行查询。需要保存的文本记录主要包括:采购商品文件、采购订单目录、采购协议(合同)、采购订单卷宗、供应商历史文件、投标历史文件等。

第五章

人力风险防范：
人才是发展的第一要素

对于企业来说，人才的重要性毋庸置疑。不同的员工都能贡献自己的力量，从不同的角度改变企业的命运。企业要擅长寻找、雇用好的员工，远离那些会带来风险的员工，让人才成为企业发展的动力。

第1节 招聘——人力风险防范的第一步

人才战略是企业发展壮大的必要之事，增加新的成员，不仅能让企业补充需要的人才，还能为企业注入新的血液，给企业带来更大的活力。企业招聘并不是什么新鲜事，但就是这样一件司空见惯的事情，其中依旧蕴含着风险，而且，这种风险是常常被忽视的。一般来说，企业招聘时可能遇到的风险主要有以下三种，如图5-1所示。

01 招聘广告涉嫌违法
02 面试过程涉嫌违法
03 招聘不当造成资源浪费

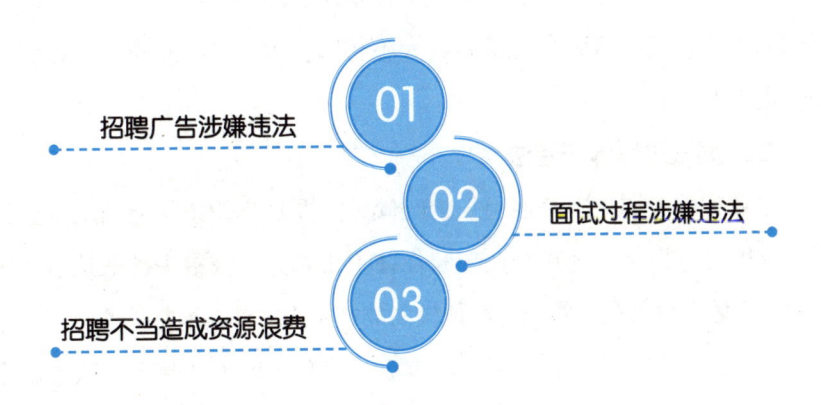

图 5-1 企业招聘时可能遇到的三种风险

一、招聘广告涉嫌违法

招聘广告属于广告中的一种，受到广告法的约束。招聘广告中要是有不恰当的内容或内容导向，就是违法的。例如，在广告中用更具有冲击性的字眼取代实际上的待遇状况——"加入我们企业，要不了多久就能车房无忧""入职后就有高薪，想要找个帅哥美女肯定没问题"，这样的广告语带有拜金思想的意思，与良好社会导向相悖，违反广告法。

在招聘广告中，企业通常会根据职位提出自己的要求，以便更好地筛选应聘者。但是，职位要求里经常会出现违反法律的内容，例如，"本职位要求身高不低于170cm""本岗位仅限男性""户口所在×××地者请勿应聘"……

这些看似正常，好像大家都在使用的内容，怎么就违法了呢？从法律上来说，这样的招聘要求是含有歧视性的，属于违法行为。法律要求，招聘广告当中不得出现性别歧视、年龄歧视、外貌歧视、学历歧视、户籍歧视、地域歧视、残疾歧视等。

那么，要如何写好招聘广告？最简单的办法就是把要求说清楚，圈出自己想要的那部分人，而不是排除掉不想要的那部分。同样的要求，不同的说法，其中所蕴含的情感就大不相同，也不会让应聘者在看到广告时觉得不适了。

二、面试过程涉嫌违法

企业招聘应届生、普通员工的时候，只要对方的条件能满足企业招聘要求即可。但是，现代企业招聘往往不止如此，找猎头挖来其他公司的优秀人才，或者是直接招聘职位较高的技术人才都是很常见的。

这种招聘对于企业来说至关重要，一个优秀的人才甚至可以决定企业的发展方向。因此，这样的招聘、面试，对于企业来说必须要慎重。

很多企业在面对这种情况的时候，会从各种角度，采用各种手段，去查询对方在简历当中对自己的描述是否属实，是否真的有那样高的技术水平，是否真的有那么多的工作经验，甚至会去对方之前工作过的企业查询对方的工作水平。

这样的调查，是需要对方知情的。贸然调查，从法律上来说，会侵犯对方的隐私权、知情权。

因此，企业在对应聘者进行调查，从而获取面试资料的时候，一定要提前通知对方，告诉对方自己要调查的方向。对方如果能坦然接受，自然皆大欢喜；对方如果不能接受，企业也要有相应的对策。

三、招聘不当造成资源浪费

企业运营有许多成本，人力成本是相对较大的一部分，甚至对于某种类型的企业来说，绝大部分的成本支出都来自人力成本。既然如此，企业就必须保证招聘来的人员是有用的，是能为企业带来正向收益的。没有规避风险的招聘，很有可能会为企业带来损失。例如，有些新员工并不具备足够的工作能力，上岗之后不能完成工作，反而损坏了机器设备，造成了较大的损失；还有些员工个人品格不合格，不仅做不到爱岗敬业，甚至会做出监守自盗的事，让企业的生产资料受到损失。

企业招聘新员工时，如果能做到以下几条，就能避免受到损失：

1.测试员工的能力

在进行招聘的时候，企业一般都提出了具体条件，教育水平、工作经验等条件都是保证员工能力的基础。但是，仅仅是纸面上的资料，并不能代表一个员工真正的工作能力。纸上谈兵何其容易，实际操作时要面对的问题却多种多样。所以，新员工入职时，直系领导需要给出一些实际工作当成测试题，以保证新员工正式上岗的时候不会茫然失措。

2.观察员工的品格

画虎画皮难画骨，知人知面不知心。想要看出一个人的品行，面试那短短的时间内是很难做到的，但只用其才不用其德，又有可能让企业因为无德员工遭受损失，甚至遭遇危机。因此，观察员工的个人品格是非常重要的。企业可以先将新员工放在不太重要的岗位上，观察对方的情况，等确定其品格没有问题后，再委以重任。

3.培训是保证新员工快速入职的重要手段

隔行如隔山，即便是业务范围完全相同的企业，也不代表各方面的具体工作都是完全一样的。根据企业不同的经营偏向、领导的个人风格、硬件设施的不同等，不同企业在运作上会出现很大的区别。

因此，新员工入职以后一定要在各方面接受相应的培训。这样不仅能保证新员工快速上手自己的工作，还能够避免新员工操作不当而出现纰漏。新员工一时没能适应新企业、新岗位而效率不高可以理解，但因为犯错造成了损失，就比较麻烦了。

第2节　慎用竞业限制

随着时代的发展，技术成为各大企业互相竞争的重要武器。某些技术不仅能为企业带来更多的利益，节约更多的成本，甚至还能使企业在竞争当中脱颖而出，击败其他竞争对手。

技术只是商业机密的一种，其他需要保护的商业机密还有很多。企业很难对自己的员工保守秘密，一旦员工离职，商业机密就有被泄露的风险。那么，企业要如何保护商业机密呢？法律给出了答案。

根据劳动相关法律的规定，劳动合同当事人可以在劳动合同中约定保守用人单位商业机密的有关事项，也就是说，涉密员工可以签订保密合同，而普通员工的合同里也可以附加保密条款。但是，泄密员工经常会声称自己根本不知道保密项目的具体内容是什么，又或者是"只做不说"，去其他企业从事同样的工作，或者是利用之前企业的技术、机密来自立门户。即便泄密员工根据保密协议进行了赔偿，企业仍然会因此遭受巨大损失。这个时候，竞业协议就显得非常重要了。

竞业协议，又被称为竞业禁止或者是竞业避止，指的是涉密人员在一定时间内不得自营所在企业的同类经营项目，也不能参与其他人经营的与所任职企业同类的经营项目。竞业协议受法律保护，相当于保密协议的延伸，可以有效避免商业机密泄露，也可以避免重要的涉密人员被挖墙脚。

因为竞业协议效果良好，许多企业在所有员工的合同里都加上了竞业协议，但其实这样并不能为企业带来好处。竞业协议不是能随随便便放入合同当中的，针对不同的员工，竞业协议应该是不同的，否则就会失去其效力，甚至让企业遭遇风险。

企业与劳动者签订竞业合同，是为了平衡员工与企业之间的权利和义务。员工签订的合同不是卖身契，在劳动法规保护范围内，签订的任何合同都应该保证员工正常的择业自由。但是，企业如果拥有能带来巨大利益的商业机密和知识产权，而对在工作期间能够接触并知晓这些信息的员工不加任何限制，企业的利益就可能受到严重损害。

竞业协议是双向的，是体现诚实守信、公平竞争精神的，那么在限制员工竞业的时候，企业必须要给出补偿，并且给出的补偿数额应该是与限制范围相对应的。只有这样，才能保证员工的利益不受侵害，保证员工在受到限制时依然能保持自身的生活质量。

因此，企业在签订竞业协议，对员工进行竞业限制的时候，要保证以下几点，如图5-2所示。

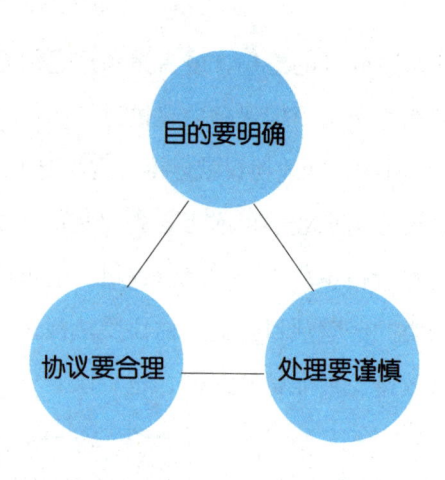

图 5-2 员工竞业限制的三个要点

一、目的要明确

竞业协议不是随意签订的,有些员工的岗位是涉及团队商业机密的,为了保护企业利益才需要签订协议,进行竞业限制。但有些员工的岗位并不涉及商业机密,也不涉及技术保护,这样的员工为什么要签订协议,进行竞业限制呢?对这样的员工进行竞业限制,只会影响员工离职后的正常生活,限制员工的正常择业。

二、协议要合理

即便某些岗位的员工会接触到商业机密,接触到保密技术,竞业限制也应该在合理范围内。竞业限制的年限、地域范围、补偿条件,企业都应该详细考虑,而不是让所有的员工在入职的时候签订同样的竞业协议。

三、处理要谨慎

竞业限制应该是强而有力的,只有这样才能约束员工的行为,保证商业机密和保密技术不被泄露。某些企业在竞业协议当中给出的处理方式只有降职、罚款或者开除,这些对于一个获得了商业机密或保密技术的员工来说，是起不了作用的。很多企业认为，按照竞业协议当中的内容处理了泄密员工后，还可以通过法院走法律流程起诉泄密员工，这种想法是错误的。法律不支持"一事多罚"，企业按照与员工签订的竞业协议处理完成后，法院将不再支持企业继续追诉违反了竞业协议的员工。

因此，企业在拥有商业机密和保密技术的时候，必须认真、仔细、慎重地对待竞业限制。

第3节　遵守劳动法规，防范用工风险

《中华人民共和国劳动法》（以下简称《劳动法》）是调整劳动关系以及与劳动关系有密切联系的其他社会关系的法律规范。企业与员工之间的关系离不开《劳动法》，企业和员工的行为更是要受到《劳动法》的约束，这样才能够保证双方的利益，帮助双方规避风险。如果企业不遵守《劳动法》，那在用人用工的时候，必然会遭遇法律风险。

随着人们受教育水平的提高，越来越多的劳动者也提高了法律意识，早在入职之前就已经学着用法律武器保护自己，在入职成为企业的员工后，更是时刻关注着自己的合法权益。一旦合法权益被侵犯，员工就会运用法律武器维护自己的权益。那么，企业越是想要钻空子，越是想要不遵守《劳动法》，遭遇的法律风险就越大。

那些灵活的中小企业，因为在实际经营时的抗风险能力较差，会想尽办法节约成本。而越是承担风险能力差，中小企业越是可能因为规

模小、能力有限、领导法律意识淡薄而触犯《劳动法》，为企业带来风险。

那么，有哪些容易触犯《劳动法》的情况呢？其实，企业在用人时要格外注意规避的风险主要是以下三个，如图5-3所示。

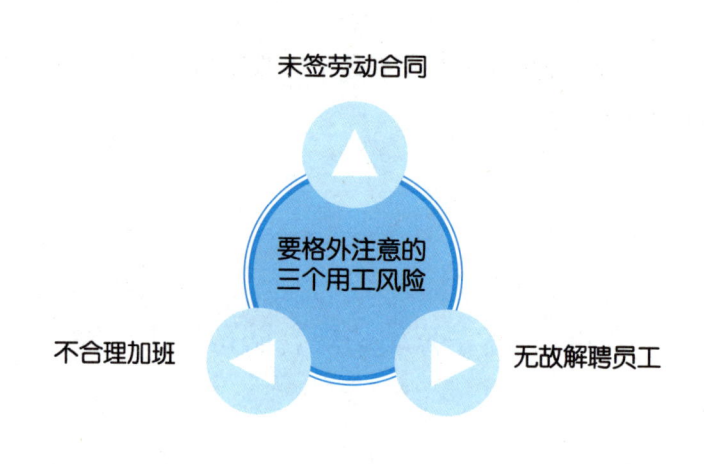

图5-3 要格外注意的三个用工风险

一、未签劳动合同

签订劳动合同是非常重要的《劳动法》内容，很多企业因为企业较新、规模较小、人员流动频繁，就放弃与员工签订劳动合同，这是有相当大风险的。

根据劳动相关法律规定，用人单位从用工开始，超过一个月不满一年，没有与劳动者签订劳动合同的，需要向劳动者支付两倍工资。所以，存在雇用关系的情况下，企业一定要与劳动者签订合同，即便是基层岗位，也不能不签订劳动合同。劳动合同必须要合法，必须要规范，以避免法律风险。

二、不合理加班

加班是现代人绕不开的话题。互联网时代企业竞争变得越来越激烈，巨额亏损与巨额收益中间往往只隔了一个竞争对手。在竞争当中获胜，企业就有机会成为行业巨头，而竞争失败，不管是对于企业领导还是投资人，都将一无所有。于是，要求员工加班，在高压竞争下获得胜利，成了许多企业的选择。

在过去，企业也有加班的情况存在，但是加班的压力和时间都远不如现在。长时间加班而无回报，就意味着无偿劳动，显然不符合多劳多得的原则。要求员工长期无偿加班，是违反《劳动法》的行为。

企业如果确实有需求，需要在短时间内增加人力，那就必须给员工加班费。当然，外包、招聘临时员工，也是一种选择。在法律允许的范围内，企业可以根据要面对的压力和支出状况，选择适合自己的办法。

三、无故解聘员工

很多企业觉得在用人的时候，只要凭着自己的心意就好，想要聘用的时候就聘用，想要解聘的时候就解聘，这样的想法是完全错误的。根据法律规定，发生以下几种情况才能解聘员工：

第一种情况，用人单位与员工协商一致后，可以进行辞退。

第二种情况，员工在试用期间被证明不符合录用条件。

第三种情况，员工严重违反劳动纪律或用人单位的规章制度。

第四种情况，员工已经被依法追究刑事责任。

第五种情况，员工严重失职、营私舞弊，给用人单位造成了重大利益损失。

只有条件满足了其中一条，才能合法解聘员工。如果没有合法的理由解聘员工，企业要依法对被解雇的员工进行赔偿。在过去，很多没有合理理由就被解雇的员工不知道可以进行法律仲裁，没有维护自己的合法利益，导致一些企业出现了侥幸心理，甚至形成了随意解聘员工的习惯。如果企业经常遭遇劳动仲裁，在招聘市场的声誉就会受到影响，久而久之就很难招聘到人才了。

因此，企业想要解聘员工，就要先找到合理、合法的理由，对员工的情况进行评估，这样才能减少违反法律的风险。

第4节 在岗人员培训，也要小心谨慎

企业的竞争是从多方面进行的，员工能力也是企业软实力的一部分，企业不管是想要发展创新，还是研究更先进的技术，都需要有大量优秀的员工。然而，人才市场上的优秀人才总是有限的，很快就被各大企业招聘走。企业想要优秀的人才，可以找些有潜力的员工，自己进行培训。

企业培训可以使员工具备丰富的职业知识和扎实的工作技能，还可以培养员工的工作理念。但是，企业与员工并不是绑定的，员工在合法、合规的情况下，是可以重新选择自己的工作单位的。如果企业在员工身上花费了不少心血去培训，员工却转身离开了，企业岂不是吃了大亏？

法律会保护劳动者的权益，同时也会保护企业的利益。在相关法律中就有规定，企业如果要为员工进行专项技能培训，可以提前与员工签订协议，在协议当中规定服务期限。员工经过培训后，如果要离职，就要按照协议规定支付企业的专项技能培训费用。

如果企业与离职员工协商好，我们就可以称支付的费用为培训费用。如果企业或者员工有一方不满，那这笔费用就可以被称为违约金了。违约金一般是在协议当中规定好的，但企业也不能漫天要价。这笔违约金的数目，一般来说不超过专项培训的成本，包括课程费用、交通费用、食宿费用等。员工为企业服务的时间，可以抵偿部分违约金。例如，某企业为培训员工花费了24 000元，协议中约定的服务期限是1年，该员工为企业服务了半年后决定离职，那么需要付的违约金就只有一半，也就是12 000元。

按章办事一般就不会出现问题，但是，企业还是要注意以下两个问题，避免出现纠纷：

1.员工待遇不该受影响

企业与受培训员工签订协议，是为了保证企业为培训员工花费的资金不会浪费，企业不会蒙受较大损失，而不是把员工变成一块放在砧板上的鱼肉。企业如果以为，在协议规定的时间内员工不能离职，就降低其待遇以节约企业成本，那就大错特错了。

在协议时间内，员工的福利、待遇，都是受到法律保护的，企业绝对不能因为培训时签订了协议，就降低员工的薪资待遇。

2.企业不必担心协议时间多于合同时间

劳动合同并不是无期限的，那么，劳动合同已经到期，培训协议中的时间还没有到，这时候该怎么办？员工是否能按照合同规定执行离职呢？显然是不行的。如果劳动合同到期而培训协议的时间还没结束，按照法律，劳动合同会自动顺延到培训协议结束。

第5节 人力资源过剩该怎么办？

经济环境决定了企业发展的策略，有些时候企业该选择扩大规模，而有些时候企业则不得不精兵简政。企业不仅有缺少人力的时候，也会有人力过剩的阶段。一旦遇到人力过剩的情况，企业就不得不对现在的组织进行优化。组织优化最简单的办法，就是解雇员工。

解雇员工可以降低企业开支，把资源投入更加需要的地方去。但是，解雇员工可不是件简单的事情。我们之前也说过，解雇员工是有风险的。想要规避这些风险，企业就要做到程序合法。

那么，究竟有哪些方法能帮助企业在解雇员工时降低风险，甚至完全解除风险呢？一般来说，主要有以下四个方面。

一、全面评估员工，找到应该解雇的人

解雇员工不仅要依照劳动法规，更要符合企业的长远利益。在众多员工当中，究竟是哪一个效益较差？他入职多久了？他是否还有潜力可挖？解雇他对企业造成的影响究竟是好是坏？如果进行培训，他是否能成为合格的员工？只有这些事情都考虑清楚了，才能决定是否要解雇这名员工。千万不要因为一时的冲动，导致解雇不仅没能给企业带来优化，反而还要另外找人填补空缺。

二、做人留一线，日后好相见

企业主动解雇员工，对员工来说是会造成伤害的。毕竟被解雇就意味着不被企业需要了，也意味着从综合角度考量，这个员工就是整个企业中排行最末的那个。而且，对于员工来说，不只是自尊心受到伤害，失去了薪资，生活也会受到影响。企业想要与员工好聚好散，就必须留有余地。

如果员工好面子，不想被认为是企业当中最差的那个，企业不妨多次向他暗示，让他选择自己辞职。这样做既能保全被辞退员工的面子，还能让企业省下一笔解聘费用。企业人力资源部门的人千万不要因为员工好面子就与其发生冲突，甚至当着其他人的面指出他不能胜任工作的事情，以免被辞退的员工情绪激动，做出不理智的行为。

在对企业不造成损失的情况下，企业对员工进行依法赔偿，或者向对方介绍下一份工作，都能让双方舒适。有些企业甚至能与被辞退员工建立长期友好的关系，在缺少人手的情况下，进行短期聘用。

三、尽可能让对方站好最后一班岗

企业就如同一架巨大的机器，每个部件，哪怕是每颗螺丝钉，都有其自己的用处。一旦有哪个部分失去了应有的作用，企业的正常运转就会出现问题。而即将被解雇的员工，同样也有其功能，在离职前有其应该做的工作。

因此，企业在解雇员工的时候，要注意几个问题：

1.对方手上是否还有没完成的工作

虽然对方将要被解雇了，但他手上的工作依旧是能为企业带来价值的。一旦他提前知道自己要被解雇了，他负责的工作还能否完成，什么时候能完成，会不会埋下隐患？这些都是要面对的问题。企业可以等他照常完成手头的工作后，再告知其要被解雇的消息。

2.对方是否掌握了数量或者质量上对企业来说很重要的客户

有些时候，企业为客户服务了很多年，客户却只认可那个与他接触的员工。如果员工手上掌握着一些客户，不管这些客户是员工自己发展来的，还是企业交给他维护的，一旦员工被解雇，这些客户就有被带走并成为该员工服务的下一家企业的客户的可能。因此，企业想要保证客户不被带走，维护自身的正当利益，就要尽量想办法移交员工手上的客户后再解雇。

3.要做到一个萝卜一个坑

企业当中的每个岗位都不是虚设的，因此即便是人力过剩时，企业也要考虑一个员工被优化掉是因为他能力不足，还是企业真的不需要了。如果是因为能力不足，那就说明解雇一个员工后，这个员工所负责的岗位必须要有其他人来负责，做到一个萝卜一个坑。企业要是一时冲动而解雇一个员工，让岗位出现了空缺，导致企业运转不畅，短时间内无人来填补的损失就要更大，甚至让企业蒙受风险。

四、请神容易送神难，能尽快送掉最好

解雇员工最怕的就是拖泥带水。如果被解雇的员工对企业有所不满，那么从他得知自己将被解雇的时候开始，就会想尽办法从企业当中获得更多利益并带走，例如，在临走之前搜集企业的客户名单，或想办法了解商业机密和保密技术，或巧言劝说其他员工和他一起离开企业。为了避免这些情况的出现，企业在解雇员工之前一定要做好保密工作，而在确定该员工的离开不会对企业带来负面影响的时候，马上告知他，让他尽快办理手续离开企业。这样的做法显然缺少人情味，但却能保证企业不会因为解雇一个员工而蒙受更多风险。

第6节　打造优秀的企业文化

搭建企业团队的时候，管理者总是会将每个岗位、每个员工理想化。但实际上，人不是机器，每个人都有自己的个性，有自己的想法，会受情绪影响。员工心情好的时候，工作效率就会提高，就会更加重视自己的工作，会想办法解决遇到的麻烦与困难，而不会破罐子破摔。良好的工作氛围和优秀的企业文化，有利于保证员工处在良好的工作状态里，发挥自己的能力与创造力。因此，优秀的企业文化也能降低用人方面的风险。

打造优秀的企业文化是非常困难的，因为企业文化无法量化。企业没办法通过简单的数据判断情况是否良好，方向是否正确，只能通过观察员工的情况来及时调整企业文化，为员工创造良好的工作氛围。但企业文化也是团队管理的一部分，是企业制度的一部分，只要企业的制度是合理的，是良好的，是让员工信服的，企业文化的建立也就简单了。而建立在这之上的，是让员工拥有认同感，让员工时时刻刻都牢记自己是企业的一分子。

想要打造优秀的企业文化，要从以下几个要点着手，如图5-4所示。

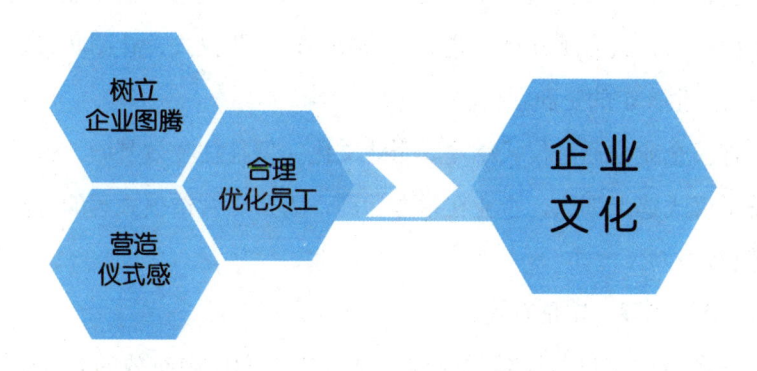

图5-4 打造企业文化的三个要点

一、树立企业图腾，给员工看得见的标志

从远古时期开始，人们就意识到想要将整个部落团结起来，就必

须树立起一个图腾，让人们时刻牢记自己是部落的一分子，有意识地维护部落的利益。对于企业来说也是如此，企业要有自己的图腾，要让员工认识到自己是企业当中的一分子，特别是要让员工产生认同感与差异感。只有这样，员工才能对企业产生归属感，才能重视企业的利益。

树立图腾的方法有很多，如选择一个独特的吉祥物、为企业创造一个有特点的形象、为员工添置有特点的服装、为员工打造独特的工作环境等，这些都是树立图腾的好办法。这样的企业形象一旦树立，不仅员工会意识到自己所在的团队的属性，更有利于让其他人牢牢记住企业的特点。比如，看见蓝骑士就想到饿了么，看见袋鼠就想到美团。

当然，这些图腾在树立的时候一定要慎重。如果只追求独特，只追求标新立异，不顾美观与否，员工也会反感，认为企业文化是愚蠢的，进而认为企业也是愚蠢的。

二、营造仪式感，是打造企业文化的重要部分

任何团队想要打造独特的文化，就必须有仪式感。而企业想让员工拥有仪式感，就必须开展一些活动，或举行一些仪式，让团队成员参与进来，产生一定的正面影响。

许多企业会通过仪式感建立企业文化，但往往收效甚微，这是因为小看了仪式感。那么，企业在举办活动，为员工营造仪式感的时候，存在哪些误区呢？

1.认为团建一定是有效的

许多企业在进行团建的时候，会选择人们口中有效的方式，例如拉练、登山等活动，还会占用员工的休息时间。这样的团建往往是无效的，即便是不加班的企业，员工也不希望团建活动占用休息时间，更何况是进行一些体力消耗较大的活动。

有效的团建，应该是团队成员们喜闻乐见的，在平日生活里会用

来娱乐、消磨时间的活动。员工喜欢玩桌游,那就玩桌游;员工喜欢唱歌,就大家一起唱歌。总而言之,团建要让员工喜欢,而不是变成另外一项要占用私人时间的任务。

2.要仪式感而不重视员工内心感受

很多企业在营造仪式感的时候,更注重仪式,而不是员工的感受。每天集合起来喊口号,举着公司招牌四处逛,这些行为真的能为员工营造仪式感吗?显然不能。这些事情只会让员工感到羞愧,而不能真正产生仪式感。员工能够坚持下去,无非为了保住自己的工作,而不是认为这一套东西是好的。久而久之,这些仪式只能锻炼员工的脸皮,对于企业文化的打造并无帮助,甚至有些时候,员工在离职后会感到庆幸,庆幸自己再也不用做这些让人心里不舒服的事情了。

营造仪式感并不代表一定要在众人面前进行某种仪式,只要大家定时做一件平时不会做的事情,久而久之自然就能形成仪式感。这件事情并不需要多么隆重,只要员工喜欢,就有助于仪式感的形成,进而帮助打造优秀的企业文化。

三、合理优化员工

企业文化,最重要的还是文化二字,之前所说的图腾和仪式感,都需要围绕文化二字进行。这个文化,包含了企业未来的发展方向、要达成的目标、价值观、行事作风等。企业要通过这些内容,逐渐将员工培养成企业需要的样子。而那些始终不能融入企业文化的员工,就是需要被优化掉的。认同企业文化的员工,才可以和企业一起走得更远。

第7节 发福利也有风险

企业想要正常发展，想要留住员工，最有效的方法就是一套完整的规章制度。而在规章制度里，奖惩内容又是不可或缺的。做错了事要受惩罚，做好了事要进行奖赏，这也符合多劳多得的社会导向。许多公司为了建立企业文化，让员工对企业有更高的认可度，为员工增加了不少福利。但是，福利也不是乱加的，除了要能真正让员工满意外，还要合法合规，否则就要面对法律风险。

企业制定员工的福利制度时，要注意以下几个重点，如图5-5所示。

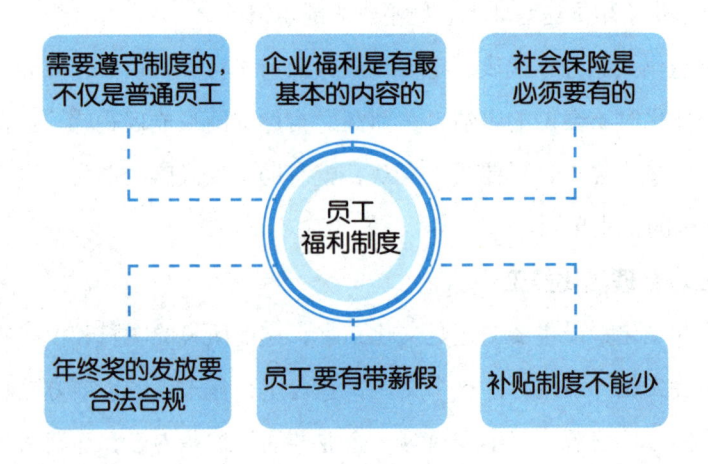

图 5-5 员工福利制度的六个重点

1.需要遵守制度的，不仅是普通员工

管理层和下属各企业的正式员工、试用期员工、临时工，都要严格遵守制度。而在法律范围内对制度的解释权，企业要牢牢掌控在手里。

2.企业福利是有最基本的内容的

一般来说，企业应该有带薪年假、社会保险、年资津贴、出差补贴、教育培训、文体活动、优秀员工奖、通信津贴等方面的福利。

3.社会保险是必须要有的

企业要为全体员工办理养老保险、医疗保险、失业保险、生育保险以及工伤保险，这些社会保险有企业代为缴纳的部分和个人需要缴纳的部分。

4.年终奖的发放要合法合规

年终奖要在年底之前发放，发放对象是为公司服务超过三个月以上的员工，包含试用期。而员工获得年终奖的前提是要全年综合考核成绩合格。年终奖的发放时间和形式，一般按企业绩效薪酬制度执行。

为企业服务不到三个月的、有违反企业制度的行为的、经常缺勤的、在发放年终奖前离职的、考核未能合格的……这些员工显然达不到获得年终奖的要求，因此，可不为这部分员工发放年终奖。

5.员工要有带薪假

企业应该为服务超过一年的员工提供带薪假：工龄在10年内的，员工可以享受最多5天的带薪假；工龄超过10年且不到20年的，员工可以享受10天以上的带薪假；工龄超过20年的，员工可以享受15天的带薪假。

员工休带薪年假，原则上要一次休完。如果公司业务繁忙，不能安排员工休带薪年假，就必须征得员工本人同意，并且支付200%的薪资。

年假也可以按照规定抵消一部分病假、事假。

6.补贴制度不能少

有些部门的员工，有更多的支出，或许是通信费用，或许是交通费用，又或许是出差费用。这些费用应该按照企业的规章制度，进行报销或补贴。

第8节　做好人员流失预警管理

企业有资源过剩的时候，也有缺少人才的时候。从企业发展的角度来看，缺少人才是一种常态，任何时候人才都不嫌多。关键人才的流失，对于企业来说是巨大损失，要是连一个萝卜一个坑都做不到的话，那企业就要面临危机了。更加可怕的是，企业的重要技术团队集体跳槽，或者掌握企业重要资源的员工离开团队。因此，企业必须做好人员流失的预警管理，尽力留住关键人才。

那么，企业要如何避免因为人员流失而出现的风险呢？可以通过以下三点避免，如图5-6所示。

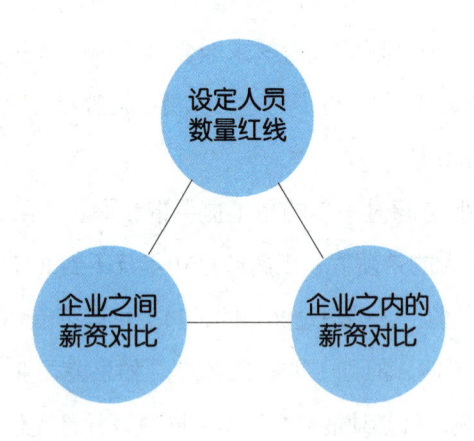

图 5-6　避免人员流失的三个要点

一、设定人员数量红线

企业在经营的时候必然需要员工，但不同企业拥有不同的经营状态，不同的经营状态需要的员工数量也不同。企业可以为人员数量设定

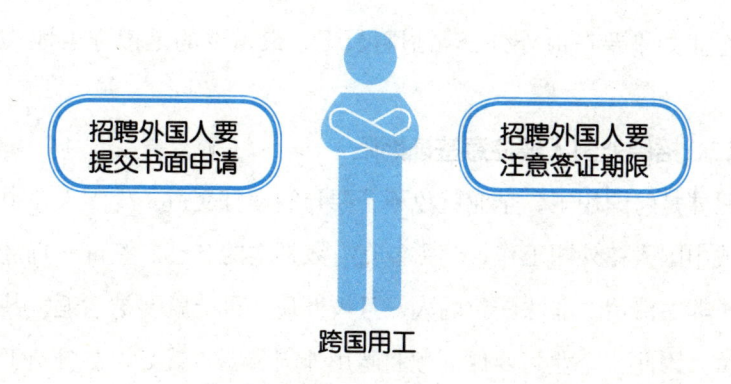

图 5-7　跨国用工要注意的两个重点

一、招聘外国人要提交书面申请

在国内，企业招聘国内员工，只需要一份符合劳动法规的合同即可。而企业要招聘外国人，可就没有那么简单了，一张合同是远远不够的。企业聘用外国人，要向劳动行政主管部门提交聘用外国人的书面申请，申请中要填写聘用外国人意向和原因。受雇用的外国人要准备自己的履历、从事工作的资格证明、身体健康状况，以及其他需要用到的证书。

劳动行政主管部门审批完成后，企业才能够聘请提交了申请材料的外国人。而企业如果没有办理这一系列手续就聘用外国人，就是非法招聘、非法用工。

这种审批方式看似费神费力，实际上却是一种保护用工企业的行为。一个外国人来到中国后，国内企业对他的了解一般仅限于简单的基本信息和他自己的讲述，这与他在本国的实际经历可能差别很大。这个外国人在本国是否有犯罪记录，是否存在信用问题，是否有道德败坏的经历等，不经过审批，企业都将无从得知。

企业如果要在海外分公司招聘员工，最重要的是遵守当地法律和规定。

二、招聘外国人要注意签证期限

只要是跨国用工，企业就免不了要与签证打交道。外国人在中国工作，或中国人在外国工作，都需要在有效期内的签证。签证一旦过期，就成了非法滞留，非法滞留的人一旦被发现，可能就要被遣返，甚至驱逐出境。因此，企业想要保证顺利聘用外国员工，就必须监督员工，保证员工的签证不过期。如果员工因为主观意愿或客观情况，不能完成签证，企业要进行妥善处理。

旅游签证也是签证，但旅游签证并不能用于长期工作。所以，企业在聘用外国人的时候，除了要注意签证时限是否够长外，还要注意签证种类。

普通企业遇到跨国用工情况的概率并不高，主要是近些年开始增加的。企业如果没把握解决跨国用工的问题，不妨求助中介等专业机构。

第六章

营销风险防控：
市场是一把"双刃剑"

现如今，好酒也怕巷子深，而营销宣传能把好产品的名声传播到城市的每一个角落。但是，市场就如同一片大海，有时风平浪静，有时波涛汹涌。企业想要不被市场淘汰，就必须消除营销风险，掌控市场这把"双刃剑"。

第1节　识别营销风险，是有效防控的第一步

防范风险、控制风险、解除风险，是解决企业危机的重要步骤。企业就像是一艘在大海上航行的船只一样，与其遇上风浪再与风浪拼搏，不如提前看到风浪，躲开风浪。即便不能躲开，企业也要做好万全的准备，把损失降到最低。

在过去，营销风险是很少被人们提及的，即便提到了，优先级往往也在其他风险后面。但如今，市场竞争越来越激烈，同行内卷越来越严重，营销的前期投入也越来越高。从某种角度来说，营销的前期投入，决定了企业能否在竞争当中占得先机。虽然营销收益高，但营销失败时损失也同样巨大。因此，识别营销风险就成了非常重要的一步，甚至在有些时候决定了企业的生死存亡。

正确地衡量企业的营销风险，能保证企业在进行营销的时候，能正常顺利地发展，保证企业不受营销损失的影响，让企业始终在一个舒适的环境当中，继续实现其他目标。在这种情况下，企业就能避免做出错误的判断，避免实行错误的决策。只要企业能正常发展，营销遭遇的风险就能在不断试验中被解除，蒙受的损失也能顺利挽回。

对企业营销风险影响最大的就是企业的内外环境，内部环境指的是企业内部的组织结构和财务状况，外部环境指的是市场状况和竞争状况。内部环境决定了有多少人有能力影响营销计划，以及营销的后续投

入。外部环境决定了企业在营销过程中需要面对的竞争，以及营销投入的转化效率。

那么，企业要如何识别营销风险呢？一般来说，主要通过以下两点，如图6-1所示。

图6-1　识别营销风险的两个重点

一、追踪营销效果，感受环境变化

互联网时代，营销变得更加困难的同时，收益也更高，其中一个重要原因就是你的目标客户可以通过互联网找到你。线下营销环境里，重要的是宣传区域的行政区块、政治环境、自然条件、居民收入、人口素质和数量。这些条件不仅影响企业的产品定位，更是决定了企业的营销方式。正确的营销手段能够快速让产品在目标客户心中留下印象，而错误的营销手段则会适得其反。

线上的营销方式需要注意的比较少，主要就是目标客户群。但是在线上营销时，企业要面对的是来自天南地北的竞争对手，需要在营销宣传时更有新意，更能快速扩散，打响知名度。

不管是线上还是线下，互联网时代主打的就是一个变化快。所以，企业必须持续追踪营销效果，感受变化，才能识别营销风险。

二、紧盯营销流程，辨别关键节点

营销会遇到的风险往往不是来自外部，而是内部。内部的不同意见会导致营销风格不一致，效果不连贯。营销决策如果出现偏差与失误，甚至会改变营销计划，使之前做好的计划不能实行。因此，即便营销已经按照计划开始了，企业也要紧盯营销流程。

企业要将营销的整个流程划分成若干个关键节点，在执行不力的时候就能发现，是哪一步出现了问题，在哪一步出现了停滞。企业要先找到问题，才能解决问题，从而第一时间解除营销当中出现的风险。但是在使用这种办法避免营销风险的时候，企业要注意，失败的节点损失了多少并不能通过这个办法体现出来。即便是让营销重新流畅起来，企业还是要排查出损失，才能让营销达到最好的效果。

第2节　虚假宣传的法律风险

营销就是为了宣传商品，为了让更多的人知道商品，为了找到更多的客户，从而盈利。那么，企业想要有更好的宣传效果，就要采用各种各样的宣传方式。俗话说得好："王婆卖瓜，自卖自夸。"但是，随着法律的不断完善，这其中的风险也越来越高。

企业经常担心自己的宣传是无效的，是白白消耗经费却没能起到作用的。但企业如果为了更好的效果而进行虚假宣传，在宣传中夸大其词，或者宣传不真实的信息，甚至不惜触犯法律，那就不是效果好坏的问题了。这样做的企业不仅会受到法律的制裁，还会影响企业自身的名誉。因此，宣传既要效果好，还要做到实事求是、合法合规。

企业要想规避风险、做好宣传，就要注意以下三点，如图6-2所示。

图 6-2　规避宣传风险要注意的三点

一、避免涉及敏感内容

营销宣传时，最大的风险就是违法。随着法律的不断完善，越来越多的宣传手段和越来越多的词汇被列为虚假宣传，或违反公序良俗的宣传。一旦广告词涉及这些内容，企业就会因为违法而惹上麻烦。因此，企业在进行营销宣传的时候必须要有熟知相关法律、能规避风险的人来把关。

如果企业当中并没有相关人士，那企业不妨将营销宣传交给更加专业的人。法律顾问可以为企业把关，帮助企业规避在营销宣传当中可能出现的法律问题。而广告公司，不仅能帮企业规避风险，还能够在不违法的情况下，帮企业做出更好的营销宣传计划。当然，企业要根据自身规模和营销宣传计划的规模来选择广告公司。那些经验丰富、规模较大的广告公司，会让企业付出更多的营销成本；但那些规模较小、经验并